ELGIQUE
ALLEMAGNE
Reims
LUXEMBOURG
MPAGNE
LORRAINE
Strasbourg
ALSACE
CARTE DE FRANCE
la Seine
RGOGNE
FRANCHE
COMTÉ
Dijon
Besançon
SUISSE
RHÔNE ALPES
Lyon
Grenoble
ITALIE
le Rhône
Avignon
PROVENCE
lu Gard)
Arles
CÔTE D'AZUR
MONACO
Aix-en-Provence
Nice
Cannes
Marseille
CORSE
ER MÉDITERRANÉE

Kensaku KURAKATA

Venez nombreux !

Editions ASAHI

まえがき

はじめてフランス語を学習するみなさんが教室で使うことを思い描きながら、この教科書は書かれました。教科書にはそれぞれ方針や目的があるものですが、この教科書にもいくつか特徴があります。

まず大きな特徴は、フランス語の基本的な文法の学習を中心としたオーソドックスな教科書であると同時に、実用フランス語技能検定試験（仏検）の取得を目標とした学習にも対応していることです。仏検５級で出題される直説法現在時制を用いた基本表現は Leçon 9 まで、仏検４級で求められるその他の時制や表現は Leçon 15 までの範囲でカバーしています。段階を区切ることで目標は立てやすくなりますし、仏検受験のための授業を先取りした自習や、受験直前の復習にも役立ててもらえばと思います。Leçon 16 から Leçon 18 では、条件法や接続法といった仏検３級取得に必要な文法事項を扱っています。４月から学習を始めて秋季に仏検４級を受験するペースを想定していますが、週２回の授業であれば春季に５級、秋季に４級と３級の併願受験を目指すこともできます。

導入の Leçon 0 を除いて、Leçon 1 から Leçon 18 までの各課は４ページで構成されています。最初の２ページが文法と語彙･表現の学習、そして次の２ページが練習問題とコラムです。練習問題には学習した文法事項を確認するための穴埋め問題や書き換え問題のほか、仏検の形式を模した選択問題や並び替え問題、リスニング問題なども用意しています。

もうひとつ、この教科書は、著者の私自身がかつて学生としてフランス語の授業を受けながら思っていたこと、感じていた疑問にできるだけ答えるようにしています。文法上の疑問に答えることもそうですが、不規則動詞の活用や規則の例外、そのまた例外がいつまでも出てくるような印象をできるだけ取り除いて、フランス語の文法全体のコンパクトな見取り図になるように各課を構成しました。

学習のアドバイスとしては、とにかく、あまり気負わずに！ と声をかけたいと思います。文法事項を丸呑みするように覚えようとはせずに、多くの例文を見て、発音を耳にしながら、徐々に慣れていってください。どうかたくさんの人がフランス語の学習を楽しんでくれますように。そう願いをこめて Venez nombreux ! というタイトルを掲げました。ぴったりとした日本語を見つけるのはなかなか難しい表現ですが、千客万来！ お誘い合わせのうえぜひ！ といった意味が近いように思います。この教科書が、フランス語とフランス語圏の文化の奥行きに見合った広い間口となれば、これ以上の喜びはありません。

朝日出版社編集部の石井真奈さんに深く感謝申し上げます。

改訂版では、文法事項の説明を整理・補充するとともに、仏検５級・４級に必要な基本単語が学習者の記憶により定着するように語彙のレベルや頻出度を調整しました。

2023 年 10 月　　著者

Table des matières

音声はこちら
https://text.asahipress.com/free/french/minimal/

Leçon 0

♪ 0-1　アルファベ
1-02

A B C D E F G H I J K L M N O P Q R S T U V W X Y Z

♪ 0-2　綴り字記号
1-03

´	アクサンテギュ	école	母音字の上に付く
`	アクサングラーヴ	père　mère	
^	アクサンシルコンフレクス	hôtel	
¨	トレマ	Noël	* トレマは単母音で発音するというしるしです。
ç	セディーユ	ça　Français　garçon　leçon	c の下に付く * セディーユは a, o, u の前でも[k ク]ではなく[s ス]の音で読むというしるしです。
'	アポストロフ		
-	トレデュニオン		

注意　大文字ではアクサン記号は省略されることがあります。
　　　o と e が連続すると œ という合字になります。　sœur　cœur

♪ 0-3　発音のルール
1-04

① 語末の子音字は原則として発音しない
　ただし c, f, l, r は発音することが多い

② 語末の e は発音しない　*é は発音するので注意　café　カフェ

③ h は発音しない

♪ 0-4　母音字の読み方
1-05

区別してほしい母音は 7 つです。「深いウ」と「ユ」の発音に特に注意してください。

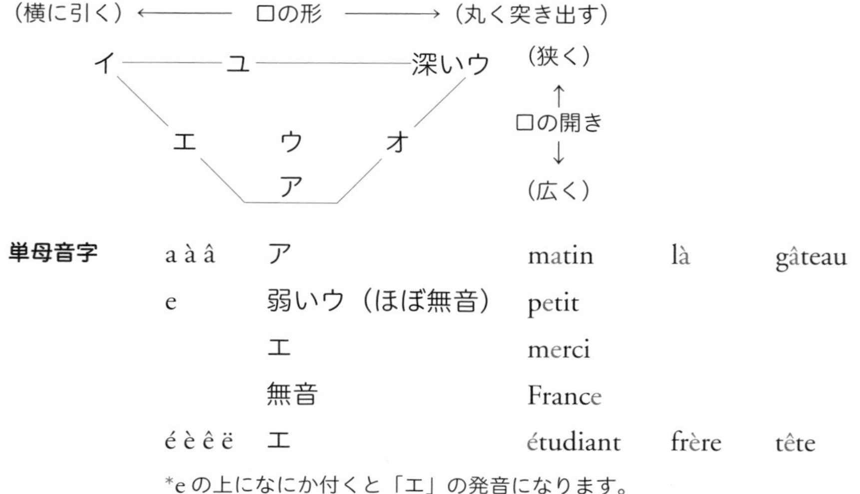

単母音字	a à â	ア	matin	là	gâteau
	e	弱いウ（ほぼ無音）	petit		
		エ	merci		
		無音	France		
	é è ê ë	エ	étudiant	frère	tête

*e の上になにか付くと「エ」の発音になります。

	i î ï	イ	ici	île
	y	イ	stylo	
	o ô	オ	rose	tôt
	u ù û ü	ユ	lune	
複母音字	ai, ei	エ	Japonais	neige
	au, eau	オ	aussi	beau
	eu, œu	ウ	bleu	euro
	ou	深いウ	jour	* 唇を丸めて突き出す
	oi	ワ	Chinois	

鼻母音	an, en	「アン」と「オン」のあいだ	restaurant	argent
	in, yn	「エン」と「アン」のあいだ	vin	
	ain, ein		Américain	
	un		lundi	
	on	オン（唇を丸めて）	Japon	

* それぞれ n は b、p の前では m になります。 ensemble simple
語末の -éen、-ien、-yen では、en は「エン」と「アン」のあいだの音になります。Coréen bien

0-5 子音字の読み方 ♪1-06

特に注意したい音	ch ［ʃ シュ］	chat シャ chef シェフ
	qu ［k ク］	quatre カトル （u は発音しません）
	th ［t トゥ］	thé テ
	gn ［ɲ ニュ］	montagne モンターニュ
母音字 + s + 母音字	［z ズ］	maison メゾン （ss は常に［s ス］poisson ポワソン）

0-6 挨拶表現 ♪1-07

Bonjour.	Bonsoir.	Merci.	Pardon.
Au revoir.	À bientôt.	Ça va ?	
Madame	Mademoiselle	Monsieur * 発音の例外 → Leçon 3「コラム」	

2 語をつづけて発音するときの規則

リエゾン 本来発音されない語末の子音字を発音する。
Joyeux anniversaire ! 誕生日おめでとう！

アンシェヌマン 発音される語末の子音を次の語の母音とつなげる。（鼻母音は非鼻母音になる）
Bon appétit ! めしあがれ！

エリジヨン 母音または無音の h で始まる語の前で語末の母音字が省略され、アポストロフ（'）で繋がれる。 C'est bon ! おいしい！（Ce → C'）

Leçon 1

文　法

♪ 1-1　名詞の性と数　すべての名詞に文法上の性と数があります。
1-08

男性名詞 (*m.*)	père	homme	frère	ami	café	Japon
女性名詞 (*f.*)	mère	femme	sœur	amie	eau	France

・ami「男の友達」、amie「女の友達」など、男性名詞の語末に e が付くと女性名詞になる語もあります。

・単数形 (*s.*) の語末に s をつけて複数形 (*pl.*) をつくります。この s は発音しません。単数形が s, x, z で終わっている語には s は付けず、そのままで複数形として用います。

♪ 1-2　冠詞
1-09

不定冠詞　不特定の「数えられるもの」につきます。

	単数形 (*s.*)	複数形 (*pl.*)
男性名詞 (*m.*)	un	des
女性名詞 (*f.*)	une	

un homme　des hommes　*発音は「デゾム」
(➔ Leçon 0 リエゾン)
une femme　des femmes

部分冠詞　不特定の「数えられないもの」につきます。

男性名詞 (*m.*)	du (de l')
女性名詞 (*f.*)	de la (de l')

du café　de l'argent
de la viande　de l'eau

定冠詞　特定されているものにつきます。その名前で呼ばれている種類全体にも使います（総称）。

	単数形 (*s.*)	複数形 (*pl.*)
男性名詞 (*m.*)	le (l')	les
女性名詞 (*f.*)	la (l')	

l'homme　les hommes　*発音は「レゾム」
la femme　les femmes

♪ 1-3　指示代名詞 ce　「これ(ら)」、「あれ(ら)」、「それ(ら)」を示します。
1-10

C'est + 単数名詞　C'est un sac.　これはバッグです。
Ce sont + 複数名詞　Ce sont des livres.　これらは本です。

* 物だけでなく人を提示する場合にも用いられます。
C'est mon père. 私の父です。　*mon「私の」➔ Leçon 2-3
Allô, c'est Pierre. もしもし、ピエールです。

* ceci「これ」、cela「あれ」で遠近を示すこともあります。

語 彙

1-11

・0 から 20 までの数

		母音で始まる語 (euro) の前	子音で始まる語の前
0 zéro			
1 un	**11 onze**	un euro	
2 deux	**12 douze**	**deux euros**	
3 trois	**13 treize**	**trois euros**	
4 quatre	**14 quatorze**	quatre euros	
5 cinq	**15 quinze**	cinq euros	**cinq croissants**
6 six	**16 seize**	**six euros**	**six baguettes**
7 sept	**17 dix-sept**	sept euros	
8 huit	**18 dix-huit**	huit euros	**huit gâteaux** *複数形の例外
9 neuf	**19 dix-neuf**	neuf euros	
10 dix	**20 vingt**	**dix euros**	**dix sandwichs**
		vingt euros * リエゾンすることもあります。	

表 現

1-12

s'il vous plaît　　お願いします　* 親しい間柄では s'il te plaît と言います。

Un café, s'il vous plaît.　コーヒーを 1 杯ください。

Un billet pour Paris, s'il vous plaît.　パリ行きの切符を 1 枚ください。

L'addition, s'il vous plaît.　お勘定をお願いします。

Voici..., Voilà...　　ここに、あそこに〜がある　* 人や物に注意を向けさせるときに使います。

Voici une porte.　ここにドアがあります。

Voilà le bus !　バスが来てるよ！

Il y a... + 場所の表現　　（〜に）〜がある、いる

* 人や物が存在していることを表す表現です。一般的に il y a のあとの名詞には不定冠詞か部分冠詞がつき、場所を示す表現のなかの名詞には定冠詞がつきます。

Il y a un chat sur [sous] la chaise.　椅子の上に［下に］猫がいる。

Il y a du bruit derrière la porte.　扉の後ろで物音がする。

Il y a dix-huit élèves dans la classe.　教室に 18 人の生徒がいる。

dans 〜の中に ／ sur 〜の上に ／ sous 〜の下に ／ devant 〜の前に ／ derrière 〜の後ろに

Leçon 1

問　題

♪ 1-13 ❶ 音声を聞いて、次の名詞に不定冠詞をつけてください。

(1) (　　　) frère　(2) (　　　) sœur　(3) (　　　) avion　(4) (　　　) restaurants
(5) (　　　) élèves　(6) (　　　) fenêtre　(7) (　　　) pomme　(8) (　　　) pommes de terre

❷ 例外に注意して、次の名詞を複数形にしてください。➔ (4) ～ (6)「コラム」参照

(1) une table　→ des (　　　　　　)　(2) un arbre　→ des (　　　　　　)
(3) un fils　→ des (　　　　　　)　(4) un gâteau　→ des (　　　　　　)
(5) un travail　→ des (　　　　　　)　(6) un œil　→ des (　　　　　　)

♪ 1-14 ❸ 音声を聞いて、次の名詞に部分冠詞をつけてください。

(1) (　　　) thé　(2) (　　　) vin　(3) (　　　) eau　(4) (　　　) viande
(5) (　　　) café　(6) (　　　) pain　(7) (　　　) chance　(8) (　　　) argent

♪ 1-15 ❹ 音声を聞いて、次の名詞に定冠詞をつけてください。

(1) (　　　) garçon　(2) (　　　) fille　(3) (　　　) femmes　(4) (　　　) hommes
(5) (　　　) riz　(6) (　　　) confiture　(7) (　　　) Japon　(8) (　　　) France

❺ (　) 内に入れるのにもっとも適切なものを選んで書き入れてください。

(1) Il y a (　　　) fleurs dans le jardin.　[un / une / des]
(2) Voici (　　　) école de Paul.　[l' / le / la]
(3) Il y a (　　　) lait dans le frigo.　[des / du / de la]
(4) C'est (　　　) chambre de Michelle.　[le / la / les]
(5) Ce sont (　　　) billets pour Lyon.　[un / une / des]

♪ 1-16 ❻ リスニング　どの文にも数が含まれています。
文の中に含まれている数字を（可能なら綴(つづ)り字で）書き入れてください。

(1) ____________________　(2) ____________________
(3) ____________________　(4) ____________________
(5) ____________________

❼ リスニング　(1) ～ (5) の文にふさわしい絵をそれぞれ①、②から選んでください。  1-17

(1) (　　　)　 ① 　② 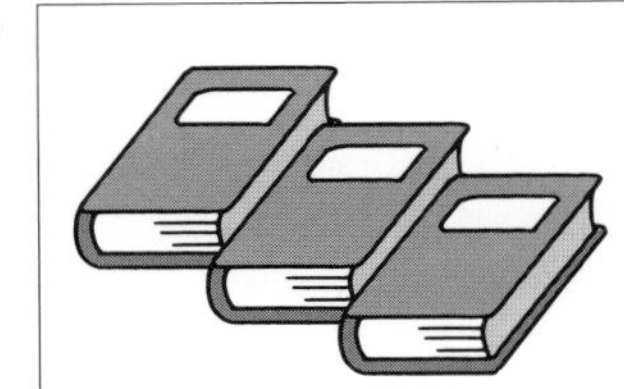

(2) (　　　)　 ① 　② 

(3) (　　　)　① 　② 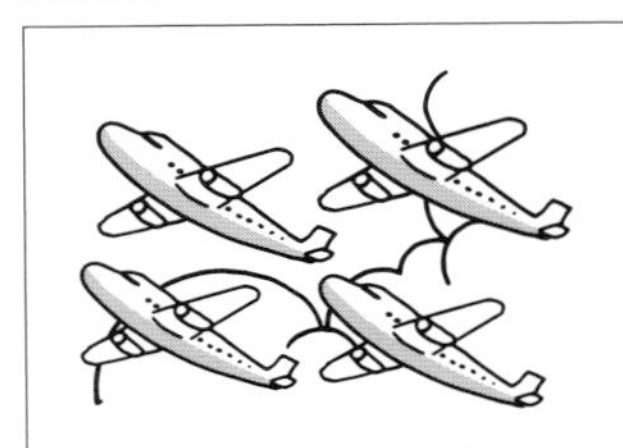

(4) (　　　)　① 　② 

(5) (　　　)　① 　② 

コラム　複数形の例外

u を含む複母音字（au、eau、eu、ou）で終わる語の大部分は複数形に x を加えます（例：un gâteau → des gâteaux)。また al, ail で終わる語の大部分は複数形が aux になります（例：un cheval → des chevaux、un travail → des travaux)。このほか「目」un œil → des yeux のように例外的な形をとる語や、語末に s を付けると発音が変わる語もあります（「卵」un œuf → des œufs、複数形では f を発音しません)。

Leçon 2

文　法

♪ 2-1 主語人称代名詞　人や物の名前を言う代わりに用いる語のことです。
1-18

	単数	複数
1 人称	je　私	nous　私たち
2 人称	tu　きみ	vous　きみたち、あなた、あなた方
3 人称	il　彼 elle　彼女	ils　彼ら elles　彼女たち

・tu は家族や友人など親しい間柄だけで使います（便宜上この教科書では親しい間柄に「きみ」それ以外に「あなた」の日本語をあてます）。

・3 人称（il, elle, ils, elles）は人だけではなく、男性名詞・女性名詞の物を指すこともできます。

・男性名詞と女性名詞の両方が含まれている 3 人称複数には ils を用います。

*on という代名詞もあります。「人、人々」「誰か、ある人」「私たち」の意味で用いられ、複数の人を指している場合でも常に 3 人称単数として扱います。

♪ 2-2 動詞 être の直説法現在　英語の be 動詞に相当し、不規則な活用をします。
1-19

être

	単数	複数
1 人称	je suis	nous sommes
2 人称	tu es	vous êtes
3 人称	il　est elle est	ils　sont elles sont

* vous êtes のリエゾンに注意してください。

* Leçon 1-3 で学習した C'est, Ce sont も Ce を主語にした être の活用です。

* 3 人称単数・複数の直説法現在の活用形は、次の Leçon 3 からは活用表では il, ils で代表させます。

♪ 2-3 所有形容詞　「私の〜」のような所有関係を示します。冠詞とは一緒に用いません。
1-20

	単数名詞		複数名詞の前
	男性名詞の前	女性名詞の前	
私 (je) の	mon	ma (mon)	mes
きみ (tu) の	ton	ta (ton)	tes
彼 (il) の、彼女 (elle) の	son	sa (son)	ses
私たち (nous) の	notre		nos
きみたち、あなた、あなた方 (vous) の	votre		vos
彼ら (ils) の、彼女ら (elles) の	leur		leurs

発音上の母音で始まる名詞の前では ma, ta, sa はそれぞれ mon, ton, son になります。

Voici mon adresse.　私の住所です。

* 英語と違って、3 人称の場合は所有者の性による区別はありません。

sa fille　彼の（彼女の）娘　son fils　彼の（彼女の）息子

語　彙

1-21

・**21 から 31 までの数**　＊21 と 31 に et が入ることに注意してください。

21 vingt et un　**22 vingt-deux**　**23 vingt-trois**　**24 vingt-quatre**　**25 vingt-cinq**
26 vingt-six　**27 vingt-sept**　**28 vingt-huit**　**29 vingt-neuf**　**30 trente**
31 trente et un

・**12 ヶ月**　英語と異なり、月名の語頭は小文字で書くのが一般的です。

1-22

janvier	1月	**février**	2 月	**mars**	3 月	**avril**	4 月
mai	5月	**juin**	6 月	**juillet**	7 月	**août**	8 月
septembre	9月	**octobre**	10月	**novembre**	11月	**décembre**	12月

表　現

1-23

・**前置詞 à　（場所・方向 〜に、〜へ；所属 〜の；付属 〜の入った など）**

Je suis à Paris.　私はパリにいます。

Ce livre est à mon frère.　この本は私の兄(弟)のです。

Un café au* lait, s'il vous plaît.　カフェオレをひとつください。　*au →この欄下部の注参照

・**前置詞 de（母音の前で d'）　（所有 〜の；出身 〜から など）**

C'est Marie. C'est la sœur de Paul.　マリーです。ポールの姉(妹)です。

Son père est de Lyon.　彼の(彼女の)父親はリヨン出身です。

・**日付の言い方**

le + 数字 + 月名　ただし 1 日のみは premier (1er) にする

Aujourd'hui, c'est le 2 mai.　今日は 5 月 2 日です。(Nous sommes le 2 mai. とも言う)

Mon anniversaire, c'est le 13 juin.　私の誕生日は 6 月 13 日です。

＊前置詞 à, de が定冠詞 le, les と連続すると形がかわります（縮約形）。

à + le → au　à + les → aux　de + le → du　de + les → des

à, de + la, l' はそのままですが、女性名詞の国名については別の規則があります。➔ Leçon 7-1 注

Il est au Japon.　彼は日本にいます。

du 25 décembre au 1er janvier.　12 月 25 日から 1 月 1 日まで

Leçon 2

問　題

❶ 次の人やものを指し示す主語人称代名詞を書いてください。

(1) mon frère (　　　　)　(2) sa fille (　　　　)　(3) Pierre (　　　　)

(4) la voiture de Pierre (　　　　)　(5) Pierre et son chien (　　　　)

(6) tes parents (　　　　)　(7) les montagnes du Japon (　　　　)

❷ 次の文の主語を（　）内の主語に変えて全文を書き換えてください。

(1) Je suis de Fukuoka. (nous) ______________________

(2) Vous êtes au bureau ? (tu) ______________________

(3) Leurs grands-parents sont de Nice. (Leur grand-père)

____

(4) Emma est à la maison. (Emma et sa famille) ______________________

(5) Nous sommes à la campagne. (on) ______________________

❸（　）内に入れるのにもっとも適切なものを選んで書き入れてください。

(1) Voilà (　　　　) adresse.　[mon / ma / mes]

(2) (　　　　) parents, ils sont à la maison maintenant ?　[Ton / Ta / Tes]

(3) Ce sont (　　　　) oiseaux.　[leur / leurs]

(4) (　　　　) enfants sont à Paris ?　[Votre / Vos]

(5) — C'est la montre de Pierre ?

— Oui, c'est (　　　　) montre.　[son / sa / ses]

❹ 必要があれば、下線部を縮約形に直してください。

(1) Ma femme est à la gare.　(　　　　)

(2) C'est la salle de les professeurs.　(　　　　)

(3) On est à l'aéroport de Bordeaux.　(　　　　)

(4) Nous sommes à Paris de le 14 à le 21 mai.　(　　　　) (　　　　)

(5) Voici ma recette de la tarte à les fruits.　(　　　　) (　　　　)

♪ 1-24 ❺ リスニング　どの文にも日付が含まれています。

文の中に含まれている日付を（可能なら綴り字で）書き入れてください。

(1) ______________________　(2) ______________________

(3) ______________________　(4) ______________________

(5) ______________________

❻ リスニング　(1) ～ (5) の文にふさわしい絵をそれぞれ①、②から選んでください。  1-25

(1)（　　）　①

②

(2)（　　）　①

②

(3)（　　）　①
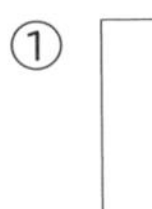

②
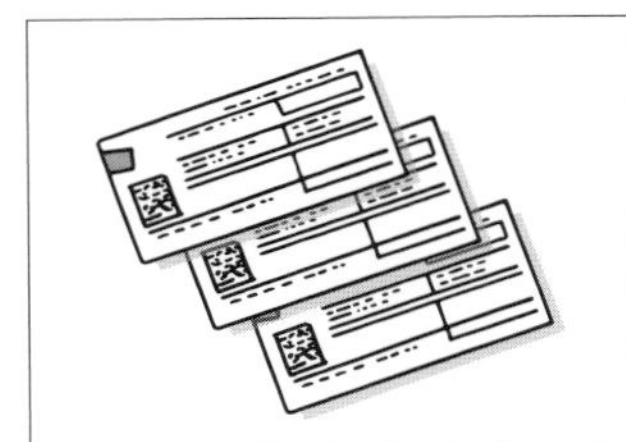

(4)（　　）　①

②

(5)（　　）　①

②

コラム　mon ami(e) は「私の友達」？

「男の友達」は ami、「女の友達」は amie ですが、所有形容詞を使った mon ami(e) という表現は特別なボーイフレンド、ガールフレンドを指します。「彼（彼女）は私の友達です」という場合は Il / Elle est un(e) ami(e) à moi. または Il /Elle est un(e) de mes ami(e)s. のように所有形容詞を使わずに表現します。

Leçon 3

文 法

♪ 3-1 動詞 avoir の直説法現在　英語の have に相当し、不規則活用をします。

1-26

avoir

	単数	複数
1人称	j'ai	nous avons
2人称	tu as	vous avez
3人称	il a	ils ont

* 母音で始まる語の前で je は j' になります。
* 複数の活用ではすべてリエゾンが起こります。

Mon père a deux voitures.　私の父は車を2台持っている。

Elle a un chien.　彼女は犬を飼っている。

♪ 3-2 否定文　否定文は動詞を ne(母音の前では n')と pas ではさんでつくります。

1-27

Ce n'est pas un sac.　これはバッグではありません。

否定文で数量が否定される場合、不定冠詞および部分冠詞は de（母音の前では d'）に変化します。これを否定冠詞の de と呼びます。

Elle n'a pas de vélo.　彼女は自転車を持っていない。

Je n'ai pas d'argent.　私はお金がない。

Il y a... の否定は Il n'y a pas... になります。➔ Leçon 10-1〈代名詞＋動詞〉の結びつき

Il n'y a pas de voiture(s) dans la rue.　通りに車がない。

♪ 3-3 疑問文　Oui. / Non.（はい／いいえ）で答えられる疑問文の作り方は3つあります。

1-28

① 平叙疑問文　平叙文の文末を上げて発音する。書き言葉では文末に ? をつける。

Il est à Paris ?
彼はパリにいる？

Vous avez des questions ?
質問はありますか？

② est-ce que 疑問文　文頭に Est-ce que（母音の前では Est-ce qu'）をつける。

Est-ce qu'il est à Paris ?　Est-ce que vous avez des questions ?

③ 倒置疑問文　主語人称代名詞と動詞の順番を逆にして - でつなぐ。

Est-il à Paris ?　Avez-vous des questions ?

*ce, on も倒置することができます。　Est-ce un rêve ?　これは夢だろうか？

*il, elle, on を倒置した際、前の動詞が母音字で終わるときは -t- を入れて発音を整えます。

A-t-il des frères et sœurs ?　彼に兄弟姉妹はいますか？

* 主語が名詞の場合は名詞を文頭に残し、名詞を受けた人称代名詞と動詞を倒置します。

La vie a-t-elle un sens ?　人生に意味はあるだろうか？

* 否定疑問文には Si. / Non. で答えます。

— Tu n'as pas chaud ?
— 暑くないの？

— Si, j'ai chaud. / Non, je n'ai pas chaud.
— いや、暑いよ。／うん、暑くないよ。

語　彙

1-29

・**100 までの数**

30 trente	**40 quarante**	**50 cinquante**	**60 soixante**
61 soixante et un	**62 soixante-deux** …	**69 soixante-neuf**	**70 soixante-dix**
71 soixante et onze	**72 soixante-douze** …	**79 soixante-dix-neuf**	**80 quatre-vingts**
81 quatre-vingt-un	**82 quatre-vingt-deux** …	**89 quatre-vingt-neuf**	**90 quatre-vingt-dix**
91 quatre-vingt-onze	**92 quatre-vingt-douze** …	**99 quatre-vingt-dix-neuf**	**100 cent**

＊61 から 80、81 から 100 を 20 ごとで区切って考えてください。

＊21, 31, 41, 51, 61, 71 のみ et を用います。他は構成要素を – で繋ぎます。

＊後ろに – が続くと quatre-vingts の語末の s はなくなります。この際、quatre-vingt の t は後続の語とリエゾンしません。*cf.* quatre-vingt-un, quatre-vingt-huit, quatre-vingt-onze.

表　現

1-30

・**avoir を用いた表現①**

J'ai chaud.　暑いな。　　Il a raison.　彼（の言うこと）は正しい。

avoir chaud [froid]　暑い［寒い］　＊主観的に「私は暑く[寒く]感じている」という意味です。客観的に「気温が高い［低い]」は Il fait chaud [froid]. になります。➔ Leçon 9「語彙」

avoir faim [soif]　空腹である［喉がかわいている］

avoir sommeil　眠い　　avoir peur　怖い

avoir raison [tort]（人の意見や判断が）正しい［間違っている］

・**年齢の言い方　　avoir + 数字 + an(s)**　＊リエゾンに注意してください。

Il a 19 ans.　彼は 19 歳です。

＊neuf ans, dix-neuf ans は発音が変わり v の音になります。

＊「月」mois（*m.*）なども使えます。　Son bébé a 2 mois.　彼(女)の赤ちゃんは 2 ヶ月です。

・**数量をあらわす表現**　＊いずれも無冠詞の名詞が続きます。

1-31

Elle a beaucoup de livres.　彼女はたくさんの本を持っている。

J'ai assez d'argent.　私には十分な（かなりの）お金がある。

peu de　ほんの少しの～（＝ほとんどない）

un peu de　少しの～　　assez de　十分な～、かなりの～

beaucoup de　たくさんの～　　trop de　あまりに多くの～

＊単位や容器を用いて数量を示すこともできます。

un kilo de pommes　リンゴ 1 キロ　　une bouteille de vin　ワイン 1 瓶

Leçon 3

問　題

❶ 次の文の主語を（　）内の語に変えて全文を書き換えてください。

(1) J'ai 20 ans. (mon frère) ______________________

(2) Vous avez un chien ? (tu) ______________________

(3) Il a raison. (nous) ______________________

(4) Ils n'ont pas la clé. (je) ______________________

(5) Nous avons un peu de chance. (elles) ______________________

❷ 次の文を否定文に書き換えてください。

(1) Je suis de Marseille. ______________________

(2) Elle a un vélo. ______________________

(3) On a du temps. ______________________

(4) Il y a des magasins. ______________________

(5) Ceci est une pipe. ______________________

❸ 次の文を指示にしたがって疑問文に書き換えてください。

(1) Vous êtes de Paris.（est-ce que 疑問文に） ______________________

(2) Il y a des restaurants.（est-ce que 疑問文に） ______________________

(3) Elles sont à Nantes.（倒置疑問文に） ______________________

(4) Il a assez d'argent.（倒置疑問文に） ______________________

(5) Notre pays n'a pas de problèmes.（倒置疑問文に） ______________________

❹ [　] 内の語をすべて用いて、日本語に対応する文を作ってください。

(1) 私にはきょうだいがいない。

Je n' ______ ______ ______ frère et sœur.　[ai / de / pas]

(2) 彼の息子はたくさん鉛筆をもっている。

Son fils a ______ ______ ______ .　[beaucoup / de / crayons]

(3) ほとんど時間がない。

Il y ______ ______ ______ temps.　[a / de / peu]

(4) リンゴを 2 キロください。

Deux ______ ______ ______ , s'il vous plaît.　[de / kilos / pommes]

(5) 日本に友達はいますか？

Est-ce ______ ______ ______ des amis au Japon ?　[avez / que / vous]

❺ リスニング　どの文にも数が含まれています。文の中に含まれている数字を（可能なら綴り字で）書き入れてください。 ♪1-32

(1) ____________________

(2) ____________________

(3) ____________________

(4) ____________________

(5) ____________________

❻ リスニング　(1) ～ (5) の文にふさわしい絵をそれぞれ①～⑤から選んでください。 ♪1-33

(1) (　　　)　(2) (　　　)　(3) (　　　)　(4) (　　　)　(5) (　　　)

①　②　③

④　⑤

コラム　発音の例外：母音・半母音編

規則をおぼえればフランス語は初めて見る単語でも発音できますが、例外もあります。monsieur を「ムシウ」、femme を「ファム」と読むのはその一例です。また、-ille は「ィユ」という半母音で発音する規則ですが（famille, fille, travailler など）、mille「1000」、ville「町」、tranquille「静かな」の 3 語とその派生語（village「村」など）は「イル」と発音します。「ミル、ヴィル、トランキル」と繰り返し唱えておぼえてしまいましょう。これから学習する動詞の活用にも多少の例外があります。不規則動詞 faire の活用 nous faisons は「フゾン」と発音します。また avoir の過去分詞（➔ Leçon 11-1）eu は、母音 u と同じ「ユ」と発音します。

Leçon 4

文　法

4-1　形容詞（品質形容詞）

形容詞は結びつく名詞・代名詞に応じて変化します（性数一致）。

	単数	複数
男性	（基本形）	-s
女性	-e	-es

・e や s は連続して綴られません。基本形の末尾が e の語は男性も女性も同じ形になります（末尾の é には原則どおり e が付きます）。末尾が s の語は男性複数形も同じ形です。

・複数の s は無音なので、単数形と複数形の発音は同じです。

・基本形が子音で終わる語は、e が語末に付くことで男性形と女性形の発音が変わります。母音で終わる語の場合は変わりません。

＊女性形にする際に語末の子音字が重なったり、変化することもあります。
gentil → gentille　heureux → heureuse

♪ 1-34 **・属詞用法**　être 等を介して主語と結びつく用法です。

Il est grand [français, riche].

Elle est grande [française, riche].

Ils sont grands [français, riches].

Elles sont grandes [françaises, riches]

＊職業・身分などを表す名詞も無冠詞で属詞となり、主語と性数一致します。➔ 右ページ「語彙」

♪ 1-35 **・付加用法**　名詞を直接修飾する用法です。

原則として形容詞は名詞を後ろから修飾します。　du vin blanc [rouge]　白［赤］ワイン

＊ただし、以下の使用頻度の高い短い形容詞は、一般的に名詞を前から修飾します。（イタリックは女性形での変化）

bon, *ne* よい、mauvais, *e* 悪い、beau, *belle* 美しい、joli, *e* きれいな、grand, *e* 大きい、petit, *e* 小さい、gros, *se* 太った、long, *ue* 長い、haut, *e* 高い、jeune 若い、vieux, *vieille* 古い・年老いた、nouveau, *nouvelle* 新しい、même 同じ、autre ほかの

＊母音で始まる男性単数名詞の前で特別な形（男性第 2 形）になる形容詞があります。いずれも女性単数形を短縮した綴りで、発音も同じです。（以下のかっこ内は女性単数形）

beau → bel (belle)　nouveau → nouvel (nouvelle)　vieux → vieil (vieille)

形容詞が複数名詞の前についた場合、不定冠詞 des は de に変化します。

une belle maison（単数）→ de belles maisons（複数）

♪ 1-36 4-2　指示形容詞

「この」「その」「あの」を示します。英語の this や that に相当します。

	単数	複数
男性	ce (cet)	ces
女性	cette	

・母音で始まる男性名詞の前では ce は cet になり、女性形と同じ発音になります。

・遠近を示したいときは近いものを〈指示形容詞 + 名詞 +-ci〉、遠い方を〈指示形容詞 + 名詞 +-là〉で表します。

Cet animal-là, sur la colline, c'est un chien ou un loup ?

丘の上のあの動物、犬かな、狼かな？

語　彙

・国名とその形容詞、言語名

♪ 1-37

le Japon	**japonais, *e***	**le japonais**
la Chine	**chinois, *e***	**le chinois**
la Corée（du Sud）	**coréen, *ne***	**le coréen**
la France	**français, *e***	**le français**
la Belgique	**belge**	**le néerlandais, le français, l'allemand**
l'Allemagne（*f.*）	**allemand, *e***	**l'allemand**
le Royaume-Uni （l'Angleterre（*f.*））	**britannique （anglais, *e*）**	**l'anglais**
l'Italie（*f.*）	**italien, *ne***	**l'italien**
les États-Unis	**américain, *e***	**l'anglais**
le Canada	**canadien, *ne***	**l'anglais, le français**

・coréen, italien など -en で終わる語は女性形が -enne になります。

・être 等を介して属詞で用いる場合、国籍を表す形容詞は小文字で始めるのが普通です。「〜人」という名詞で用いる際には大文字で始めます。

Elle est italienne.　彼女はイタリア人です。

Dans notre équipe, il y a deux Français et un Italien.　私たちのチームには 2 人のフランス人と 1 人のイタリア人がいる。

・色

1-38

blan*c*, *che* 白　**noir, *e*** 黒　**gris, *e*** 灰色　**rouge** 赤　**bleu, *e*** 青　**jaune** 黄色　**vert, *e*** 緑
brun, *e* 茶　**rose** ピンク

・職業・身分

1-39

étudiant, *e* 学生　**lycéen, *en*** 高校生　**employé, *e*** 会社員　**avocat, *e*** 弁護士　**chanteu*r*, *se*** 歌手
musicien, *ne* 音楽家　**pianiste** ピアニスト　**ac*teur*, *trice*** 役者　**danseu*r*, *se*** ダンサー
boulang*er*, *ère* パン屋　**pâtissi*er*, *ère*** パティシエ

＊女性形のない職業名もあります。
médecin 医師　professeur（大学の）先生 ＊女性形として professeure, professeuse を用いることもあります。

Je suis étudiant.　私は学生です。（je ＝男性）
Je suis étudiante.　私は学生です。（je ＝女性）
Mon père est employé.　私の父は会社員です。
Ma mère est employée.　私の母は会社員です。

Leçon 4

問　題

❶ 次の文の主語を（　）内の主語に変えて全文を書き換えてください。

(1) Il est content. (elle) ______________________

(2) Elles sont malades. (ils) ______________________

(3) Mon frère est étudiant. (ma sœur) ______________________

(4) Sa mère est actrice. (son père) ______________________

(5) Ce problème est-il difficile ? (ces problèmes) ______________________

❷（　）内に適切な指示形容詞（ce, cet, cette, ces）を選んで書き入れてください。

(1) (　　　　) livre est très intéressant.

(2) (　　　　) hôtel est un peu cher.

(3) (　　　　) gâteaux ne sont pas bons.

(4) Il y a beaucoup de chats dans (　　　　) vieille maison.

❸［　］内の語をすべて用いて、日本語に対応する文を作ってください。

(1) 彼は赤い車を持っている。

Il a ________ ________ ________ .　　[rouge / une / voiture]

(2) これは日本映画ではありません。

Ce n'est pas ________ ________ ________ .　　[film / japonais / un]

(3) 彼らはすてきな家を持っている。

Ils ont ________ ________ ________ .　　[jolie / maison / une]

(4) 庭に美しい花々がある。

Il y a ________ ________ ________ dans le jardin.　　[belles / de / fleurs]

(5) 私の新しいアパルトマンです。

C'est ________ ________ ________ .　　[appartement / mon / nouvel]

❹（　）内に首都名に対応する国籍を入れてください。

(1) Son mari est de Paris. Il est (　　　　　　　).

(2) Sa femme est de Tokyo. Elle est (　　　　　　　).

(3) Ces étudiants sont de Pékin. Ils sont (　　　　　　　).

(4) Ces deux étudiantes sont de Bruxelles. Elles sont (　　　　　　　).

♪ 1-40 ❺ リスニング　話題になっているのが男性か女性か答えてください。

(1)　　　(2)　　　(3)　　　(4)　　　(5)

❻ リスニング　(1) ～ (5) の文にふさわしい絵をそれぞれ①、②から選んでください。 ♪ 1-41

(1) (　　　)

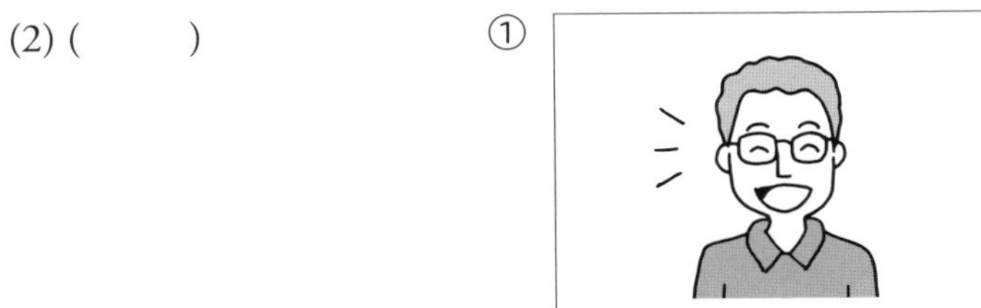

(2) (　　　)

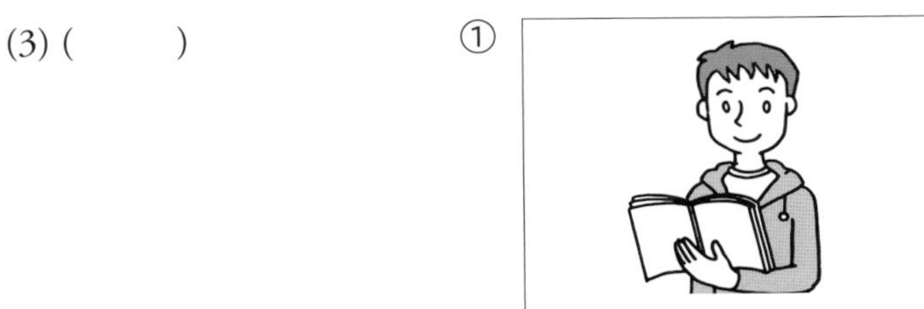

(3) (　　　)

(4) (　　　)

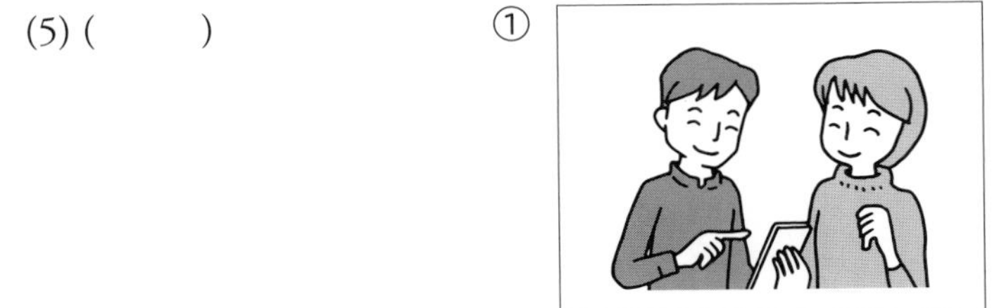

(5) (　　　)　①　②

コラム　2 つの「年」「日」「晩」

an (*m.*) と année (*f.*) はどちらも日本語の「年」に相当しますが、an が時間の単位としての「年数」や「年齢」をあらわす一方、année は時間的な幅を持った「1 年間」という用法が基本です。「日」の jour (*m.*) と journée (*f.*)、「夕方、晩」の soir (*m.*) と soirée (*f.*) も同じような区別です。「(これから) いい～をお過ごしください」という意味の挨拶 Bonne année ! / Bonne journée ! / Bonne soirée ! には、どれも時間的な幅を持った女性名詞のほうが使われています。

Leçon 5

文 法

5-1 直説法現在

フランス語の不定詞の語尾は -er, -ir, -re, -oir の 4 種類です。
不定詞の語尾 -er の r は発音しませんが、-ir, -oir の r は発音します。

parler 話す　finir 終える、終わる

faire する、作る ➔ Leçon 8「表現」　pouvoir ～ができる ➔ Leçon 6「表現」

e-es-e 型			
je	-e	nous	-ons
tu	-es	vous	-ez
il	-e	ils	-ent

・不定詞が -er で終わるすべての動詞（不規則動詞の aller ➔ Leçon 7-1 を除く）不定詞が ir で終わる一部の動詞。
*couvrir 覆う、offrir プレゼントする、cueillir 摘む、ouvrir あく、開ける、souffrir 苦しむ など。頭文字をとって cocos 動詞と呼ばれることもあります。

・すべての人称で語幹が共通します（不定詞から er, ir を除いたもの）。

s-s-t 型			
je	-s (x)	nous	-ons
tu	-s (x)	vous	-ez
il	-t (d)	ils	-ent

・不定詞が -ir で終わる大部分の動詞（第 2 群規則動詞）、不定詞が -oir, -re で終わるすべての動詞。

・語幹が 1 種類、2 種類、3 種類のものがあります。

<u>新しい動詞が出てきたら、巻末の動詞活用表で必ず語幹を確認してください</u>

♪ 5-2 第 1 群規則動詞
1-42

parler

je parle	nous parlons
tu parles	vous parlez
il parle	ils parlent

* e-es-e 型のうち、不定詞が -er で終わるものを「第 1 群規則動詞」と呼びます。(約 5000 語、全動詞の約 9 割)

・主語人称代名詞によって語幹が少し変化する変則動詞に気をつけましょう。acheter → j'achète　manger → nous mangeons など

♪ 5-3 第 2 群規則動詞
1-43

finir

je finis	nous fini<u>ss</u>ons
tu finis	vous fini<u>ss</u>ez
il finit	ils fini<u>ss</u>ent

* s-s-t 型のうち、複数主語の活用で不定詞にない -ss- の音が語幹に出てくるものを「第 2 群規則動詞」と呼びます。(約 300 語)

語　彙

1-44

・**序数詞**　「～番目の」を示し、形容詞と同様に用いられます。

1	(un)	**premier, première**	**11**	(onze)	**onzième**
2	(deux)	**deuxième**	**12**	(douze)	**douzième**
3	(trois)	**troisième**	**13**	(treize)	**treizième**
4	(quatre)	**quatrième**	**14**	(quatorze)	**quatorzième**
5	(cinq)	**cinquième**	**15**	(quinze)	**quinzième**
6	(six)	**sixième**	**16**	(seize)	**seizième**
7	(sept)	**septième**	**17**	(dix-sept)	**dix-septième**
8	(huit)	**huitième**	**18**	(dix-huit)	**dix-huitième**
9	(neuf)	**neuvième**	**19**	(dix-neuf)	**dix-neuvième**
10	(dix)	**dixième**	**20**	(vingt)	**vingtième**

・premier, première は 1er, 1re と略記されます。それ以外は 2e のように右肩に e を付けます。

・2 以降は基数詞に（語末の e を取ってから）-ième を付けて作ります。「21 番目の」は vingt et unième になります。

例外 : cinq → cinquième, neuf → neuvième, quatre-vingts → quatre-vingtième（語末の s を取る）

*premier étage は日本の 2 階にあたります（1 階は rez-de-chaussée (*m.*) と言います）。
*deuxième の同義語として second, *e* が用いられる場合もあります。

表　現

1-45

・**副詞**

動詞を修飾する副詞は、原則として動詞のあとに置きます。

Elle chante bien.　彼女は歌が上手だ。

形容詞・副詞を修飾する場合は、その前に置きます。

Ce problème est assez difficile.　この問題はかなり難しい。

程度を示す主な副詞：peu ほんの少し（ほとんど～ないという否定的な意味で用いられる）
un peu 少し　assez かなり　très とても（形容詞・副詞を修飾）　beaucoup とても（主に動詞を修飾）　trop あまりに

・さまざまな否定表現①

ne... pas encore　まだ～ない　Je n'ai pas encore sommeil.　まだ眠くない。
ne... plus　もはや～ない　Elle ne pleure plus.　彼女はもう泣いていない。
ne... jamais　決して～ない　Il ne regarde jamais la télé.　彼は決してテレビを見ない。
ne... que　～しか…ない（限定）　Elle ne mange que des légumes.　彼女は野菜しか食べない。

Leçon 5

＊丸の中の数字は巻末の「動詞活用表」の番号です。

問　題

❶ [　] 内の動詞を直説法現在形に活用させて (　) 内に書き入れてください。

(1) Elles (　　　　　) très bien. [danser 踊る]

(2) Ton père (　　　　　) le voyage ? [aimer 好む]

(3) J' (　　　　　) la fenêtre. [ouvrir 開ける] ⑱

(4) Nous (　　　　　) ce restaurant. [choisir 選ぶ]

(5) La classe (　　　　　) bientôt. [finir 終わる]

❷ (　) 内に入れるのにもっとも適切なものを選んで書き入れてください。

(1) Vous (　　　　　) beaucoup ?　　*lire 読む㉙　　[lis / lisent / lisez]

(2) Je ne (　　　　　) pas.　　*voir 見る、見える㊳　　[vois / voit / voyons]

(3) Il (　　　　　) une lettre.　　*écrire 書く㉔　　[écris / écrit / écrivent]

(4) Elle (　　　　　) sa robe.　　*mettre 置く、身につける⑳　　[met / mets / mettent]

(5) Nous ne (　　　　　) pas.　　*sortir 外出する⑬　　[sors / sortez / sortons]

❸ [　] 内の動詞を直説法現在形に活用させて (　) 内に書き入れてください。

(1) Nous (　　　　　) de la soupe. [manger 食べる] ⑤

(2) Ma mère (　　　　　) de la viande. [acheter 買う] ⑥

(3) Ils (　　　　　) un taxi. [appeler 呼ぶ] ⑦

(4) Nous (　　　　　) le travail. [commencer 始める] ④

(5) Je ne (　　　　　) pas ! [payer 払う] ⑨

❹ 日本語に合う適切な序数詞を (　) 内に書き入れてください。

(1) 1 階（日本式の 2 階）　　le (　　　　　) étage

(2) はじめて　　la (　　　　　) fois

(3)（パリの）5 区　　le (　　　　　) arrondissement

(4) 20 周年　　le (　　　　　) anniversaire

(5) 21 世紀　　le (　　　　　) siècle

❺ リスニング　下にある動詞のいずれかの直説法現在形の活用が入ります。書き入れてください。 ♪1-46

(1) Vous (　　　　　　　) ?

(2) Il (　　　　　　　) bien.

(3) Je ne (　　　　　　　) pas.

(4) Tu (　　　　　　　) du thé ?

(5) Vous (　　　　　　　) bien ?

boire ㊲, comprendre ㊱, dormir ⑬, entendre ⑲, savoir ㊹

❻ リスニング　(1) ～ (5) の文にふさわしい絵をそれぞれ①～⑤から選んでください。  1-47

(1) (　　　)　(2) (　　　)　(3) (　　　)　(4) (　　　)　(5) (　　　)

①

②

③

④

⑤

コラム　発音の例外：子音編

語末の子音は発音しないのが原則ですが、c, f, l, r は発音することが多くあります。英語の careful に含まれている子音に気をつけよう、とおぼえてみてください。また第 1 群規則動詞など不定詞が -er で終わる動詞の語末の r は発音しませんが、-ir や -oir で終わる不定詞の r は発音します。語末以外でも、fils「息子」や automne「秋」には読まない子音「黙字」があり、それぞれ「フィス」「オトンヌ」になります。このほか absent, *e*「不在の」、absolument「絶対に」、obtenir「獲得する」のなかの b は p「プ」の音で発音したり、second, *e*「2 番目の」と seconde「秒」はいずれも「スゴン」「スゴンド」と発音するなど、数は少ないもののときどき例外的な発音の語があります。ひとつずつおぼえていきましょう。

Leçon 6

文　法

♪ 6-1　代名動詞　人称に応じて変化する再帰代名詞 se を伴う動詞です。
1-48

se coucher 寝る　（直説法現在）

je me couche	nous nous couchons
tu te couches	vous vous couchez
il se couche	ils se couchent

・再帰代名詞は「自分自身」を指します。他動詞の目的語が「自分自身」になったものと考えてください。
(coucher 寝かせる → se coucher 自分を寝かせる＝寝る)
・me, te, se は母音の前で m', t', s' になります。
・否定文は再帰代名詞を含む動詞を ne と pas で挟みます。
Je ne me couche pas tôt.

再帰的用法　行為が自分自身に向けられ、もとの他動詞が自動詞のような意味になります。
Mon oncle se promène tous les jours.　おじは毎日散歩をする。(promener ⑥ ～を散歩させる)

相互的用法　複数の人物が主語になり、相互に行為をおこないます。
Ils s'aiment.　彼らは愛し合っている。

受動的用法　主語は物を表す名詞で、「～される」という受動的な意味になります。
Le français se parle aussi au Canada.　フランス語はカナダでも話される。

本質的用法　代名動詞としてしか存在しない動詞などをこう言います。
Je me souviens bien de ce jour-là.　あの日のことはよくおぼえている。
(se souvenir (de...) ⑰（～を）思い出す、覚えている)

♪ 6-2　疑問代名詞　「誰」「何」と尋ねる疑問詞です。(誰＝qui、何＝que)
1-49

主語を尋ねる疑問文

・誰　Qui / Qui est-ce qui＋動詞
Qui chante ? / Qui est-ce qui chante ?
・何　Qu'est-ce qui＋動詞
Qu'est-ce qui se passe ?　*Que は単独では主語になりません。

目的語・属詞を尋ねる疑問文

・平叙文の語順に組み込む（主語＋動詞＋疑問代名詞）
Vous cherchez qui / quoi ?　*que は文末や前置詞のあとで quoi になります。
C'est qui / quoi ?
・疑問代名詞＋est-ce que 疑問文（疑問代名詞＋est-ce que＋主語＋動詞）
Qui est-ce que vous cherchez ?　Qu'est-ce que vous cherchez ?
Qu'est-ce que c'est ?　*Qui est-ce que c'est ? はあまり用いられません。
・疑問代名詞＋倒置疑問文（疑問代名詞＋動詞 - 主語）
Qui / Que cherchez-vous ?
Qui est-ce ?　*Qu'est-ce ? はあまり用いられません。

*〈前置詞＋疑問代名詞〉はひとかたまりにして疑問代名詞と同様に扱います。
Tu parles de qui ? / De qui est-ce que tu parles ? / De qui parles-tu ?

*qui、que が文頭で単独で目的語となる場合、代名詞以外の名詞も倒置が可能です(単純倒置)。この場合、- を用いる必要はありません。
Qui est ce monsieur ?　Que cherche Paul ?

語　彙

1-50

・**曜日**

月曜日	**lundi**	← lune (*f.*) 月
火曜日	**mardi**	← Mars (*m.*) 火星
水曜日	**mercredi**	← Mercure (*m.*) 水星
木曜日	**jeudi**	← Jupiter (*m.*) 木星
金曜日	**vendredi**	← Vénus (*f.*) 金星
土曜日	**samedi**	
日曜日	**dimanche**	

・曜日はすべて男性名詞です。語頭は小文字で書くのが一般的です。

・前置詞、冠詞なしで「～曜日に」という意味になります。

・定冠詞を付けると「毎週～曜日に」という意味になります。

le lundi (= tous les lundis)

・日付と併用する場合は曜日が先です。

cf. vendredi treize 13 日の金曜日

表　現

1-51

・**pouvoir** ㊷ ～できる, **vouloir** ㊸ ～したい , **devoir** ㊶ ～しなくてはいけない

それぞれの活用 ➔ 巻末活用表 に動詞の不定詞を続けて文章をつくります。

Je ne peux pas assister à la fête lundi.　(今度の)月曜日はパーティーに出られません。

Je veux acheter des chocolats.　チョコレートが買いたい。

Je dois attendre mon mari ici.　ここで夫を待たなくてはいけない。

* 代名動詞の場合、再帰代名詞は主語に応じて変化させます。

Puis-je m'asseoir ici ?　ここに座ってもいいですか？

(倒置疑問文では Puis-je... ? の形が用いられます。平叙疑問文は Je peux... ? になります。)

*vouloir は直接目的語をとって「～が欲しい」の意味にもなります。

Qu'est-ce que tu veux ?　なにが欲しいの？

Qui veut du vin ?　ワインが飲みたい人はいる？

*Je veux... を Je voudrais... にすると語調が和らぎます。(➔ Leçon 18-1 条件法現在)

Je voudrais acheter du fromage.　チーズが買いたいのですが。

Leçon 6

問　題

❶ [　] 内の動詞を活用させて直説法現在形の文章を作ってください。

(1) Ma tante (　　　　　　　　　　) tôt. [se coucher]

(2) Nous (　　　　　　　　　　) très tard le dimanche. [se lever]

(3) Je (　　　　　　　　　　) Adam. [s'appeler]

(4) Mes parents (　　　　　　　　　　) dans la rue. [se promener]

(5) Puis-je (　　　　　　　　　　) ici ? [s'asseoir] ㊴

❷ 下線部を尋ねる疑問文に書き換えてください。

(1) Vous mangez du poisson. ______________________________

(2) Tu cherches ton sac. ______________________________

(3) Ils invitent Jean-Claude. ______________________________

(4) Marie aime Pierre. ______________________________

(5) Elle travaille avec ses filles. ______________________________

❸ [　] 内の語をすべて用いて、日本語に対応する文を作ってください。

(1) 食事の前には手を洗う。

On ________ ________ ________ mains avant les repas.　[lave / les / se]

(2) 私の妻は私の誕生日をおぼえていない。

Ma femme ne ________ ________ ________ de mon anniversaire.　[pas / se / souvient]

(3) 美術館に入ってもいいですか。

Est-ce que ________ ________ ________ dans le musée ?　[entrer / je / peux]

(4) 急がないといけない。

Nous ________ ________ ________ .　[dépêcher / devons / nous]

(5) 私はもう旅行したくない。

Je ne ________ ________ ________ .　[plus / veux / voyager]

❹ リスニング　どの文にも曜日が含まれています。文の中に含まれている曜日を書き入れてください。 ♪ 1-52

(1) ______________________________

(2) ______________________________

(3) ______________________________

(4) ______________________________

(5) ______________________________

❺ リスニング　応答として適切なものをそれぞれ①、②から選んでください。 ♪ 1-53

(1) ① Ma tante.　② Mon chat.　(　　　)

(2) ① Le musée.　② Mon mari.　(　　　)

(3) ① Ma femme.　② Ma clé.　(　　　)

(4) ① Un ami.　② Une lettre.　(　　　)

(5) ① Avec mes parents.　② Avec mon vélo.　(　　　)

コラム　直説法現在形の活用：例外からおぼえましょう！

フランス語の動詞の活用、少し面倒だな、と感じていることと思います。ただ、綴りよりもまず耳からおぼえると、直説法現在形の活用は思っているよりも単純です。e-es-e 型にしても、s-s-t 型にしても、1 人称から 3 人称までの単数主語（je, tu, il）の活用形は同じ発音になります。この例外は不規則動詞の être、avoir、aller だけです。そして 1 人称複数（nous）の活用は「-ons オン」、2 人称複数（vous）の活用は「-ez エ」で終わるという規則も例外はほぼありません。この原則から外れるのは、nous は être の 1 語のみ（nous sommes）、vous は être（vous êtes）、faire（vous faites）、dire（vous dites）の 3 語です。3 人称複数（ils）の活用形の語尾 -ent を発音しないことには慣れてきたと思いますが、例外的に「オン」の発音で終わる語は 4 語あります。être（ils sont）、avoir（ils ont）、aller（ils vont）、faire（ils font）、どれも非常に頻度の高い動詞です。発音を繰り返して例外だけおぼえてしまえば、直説法現在の活用は口からすっと出てくるようになるはずです。綴りを確実にするのはそのあとからでかまいません。

Leçon 7

文　法

7-1　動詞 aller, venir の直説法現在

♪ 1-54

aller

	単数	複数
1 人称	je vais	nous allons
2 人称	tu vas	vous allez
3 人称	il va	ils vont

*「〜に行く」は aller à + 場所になります。
男性名詞の国名の前では au　Je vais au Japon.
複数名詞の国名の前では aux　Je vais aux États-Unis.
(これらは縮約の規則どおり ➔ Leçon 2「表現」)
ただし女性名詞の国名、母音で始まる国名の前では en
Je vais en France.　　Je vais en Italie.

♪ 1-55

venir

	単数	複数
1 人称	je viens	nous venons
2 人称	tu viens	vous venez
3 人称	il vient	ils viennent

*「〜から来る」は venir de + 場所になります。

* 男性名詞の国名の前では du　Je viens du Japon.
複数名詞の国名の前では des　Je viens des États-Unis.
(これらは縮約の規則どおり ➔ Leçon 2「表現」)
ただし女性名詞の国名の前では de、母音で始まる国名の前では d'
Je viens de France.　　Je viens d'Italie.

♪ 1-56 7-2　近接未来・近接過去　　直説法現在の活用で近い過去・近い未来を表すことができます。

・近接未来（〜するところだ、〜するつもりだ） aller + 不定詞

Le train va arriver.　電車はもうすぐ到着します。

・近接過去（〜したばかりだ） venir de + 不定詞

Le film vient de commencer.　映画は始まったばかりだ。

* 否定文は aller, venir のみを ne と pas で挟みます。

♪ 1-57 7-3　命令法　　2 人称に対する命令のほか、1 人称複数で「〜しよう」の意味にもなります。

直説法現在を用いた肯定文・否定文の主語をとってつくります。ただし e-es-e 型動詞（➔ Leçon 5-1）および aller では、2 人称単数 (tu) の活用の末尾の s を除きます。

Travaille ! 働け！ ／ Travaillez !（vous で話す相手に）働きなさい！ ／ Travaillons ! 働こう！

以下の 4 つの動詞のみ、特別な形になります。

	être	avoir	savoir	vouloir
(tu)	sois	aie	sache	veuille
(nous)	soyons	ayons	sachons	veuillons
(vous)	soyez	ayez	sachez	veuillez

Soyez tranquille.　安心してください。
N'aie pas peur !　怖がらないで！

* 代名動詞は、肯定文の命令では再帰代名詞 se がそれぞれ -toi, -nous, -vous に変わります。ただし否定命令は、原則どおり否定文から主語をとってつくります。

Sésame, ouvre-toi !　開けゴマ！（＝ゴマよ、開け！）
Ne te couche pas trop tard.　あまり夜更かしするな。

語　彙

♪ 1-58

・**乗り物と前置詞**　一般的に中に乗り込むものには en、それ以外は à を使います。

à pied 徒歩で
à cheval 馬に乗って
à [en] vélo 自転車で
à [en] moto バイクで
à [en] roller ローラースケートで
en voiture 車で
en bus バスで
en train 電車で
en métro メトロ［地下鉄］で
en avion 飛行機で
en bateau 船で

＊電車とメトロの区別は「駅」にもあらわれます。電車の駅は gare (*f.*)、メトロの駅は station (*f.*) を用います。

・**時期**

曜日は前置詞・冠詞なしで「(現在にいちばん近い) ～曜日に」の意味になります。

♪ 1-59

➔ Leçon 6「語彙」

以下の指示形容詞の付いた時の表現も同様に前置詞なしで副詞的に用います。

Je vais partir en France vendredi [ce soir, cette semaine].　金曜日に[今晩、今週]フランスに出発します。

ce matin 今朝　**cet après-midi** 今日の午後
ce soir 今晩　**cette nuit** 今夜

*soir は一般的に日暮れから就寝までの時間帯を指します。

cette semaine 今週　**ce mois(-ci)** 今月　**cette année** 今年

その他の表現：
aujourd'hui 今日　hier 昨日　demain 明日
bientôt もうすぐ　après あとで
dans + 期間 ～後　il y a + 期間 ～前
depuis + 期間 ～前から　(depuis + 起点 ～以来)

表　現

♪ 1-60

・**～しに行く、～しに来る**

aller + 不定詞　＊近接未来と同じ形になるので注意してください。

Je vais chercher Paul à la gare.　駅までポールを迎えに行くよ。

venir + 不定詞

Des musiciens viennent jouer à l'hôpital le dimanche.
毎週日曜に音楽家が病院に演奏に来る。

Leçon 7

問　題

❶ 次の文の主語を（　）内の語に変えて全文を書き換えてください。

(1) Ma cousine va en Italie. (nous) ____________________

(2) Je vais aux toilettes. (mon fils) ____________________

(3) Tu ne vas pas au cinéma ? (vous) ____________________

(4) Vous venez de Paris ? (tu) ____________________

(5) Le thé vient de Chine. (ces produits) ____________________

❷ 次の文をそれぞれ近接未来、近接過去の文に書き換えてください。

(1) J'ai dix-neuf ans. ____________________

____

(2) Mon frère finit ses devoirs. ____________________

____

(3) Vous prenez votre petit déjeuner ? ____________________

*prenez ← prendre ㊱ ____________________

❸［　］内の語をすべて用いて、日本語に対応する文を作ってください。

(1) 父はちょうど帰ってきたところだ。

Mon père ________ ________ ________ .　[de / rentrer / vient]

(2) 私の娘は今週フランスに行く。

Ma fille va ________ ________ ________ semaine.　[cette / en / France]

(3) 窓を閉めてください。

________ ________ ________ , s'il vous plaît.　[fenêtre / fermez / la]

(4) 駅までタクシーに乗ろう。

________ ________ ________ jusqu'à la gare.　[prenons / taxi / un]

(5) 食べすぎてはだめだよ。

________ ________ ________ trop.　[mange / ne / pas]

♪ 1-61 ❹ リスニング　文章を聞きとって（　）内に各１語を書き入れてください。

(1) Aujourd'hui, (　　　) (　　　) à l'université (　　　) (　　　).

(2) Ma mère (　　　) (　　　) (　　　).

(3) (　　　) (　　　) cette photo !

(4) N' (　　　) (　　　) (　　　) !

(5) Je (　　　) (　　　) (　　　) mon examen.

❺ リスニング (1) ~ (5) の文にふさわしい絵をそれぞれ①、②から選んでください。 1-62

(1) (　　　)

① 

② 

(2) (　　　)

(3) (　　　)

① 

(4) (　　　)

① 

(5) (　　　)

① 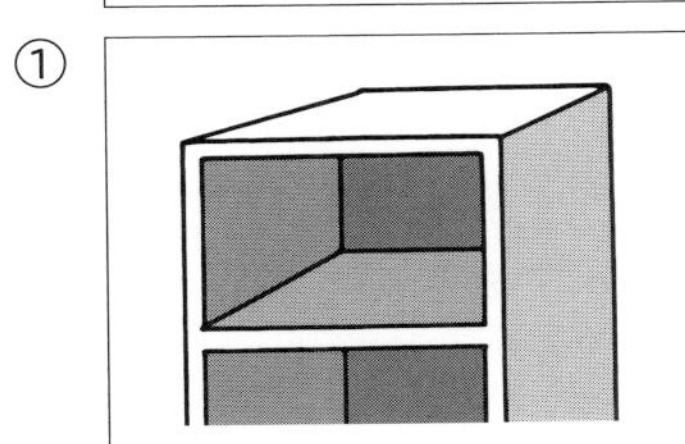

 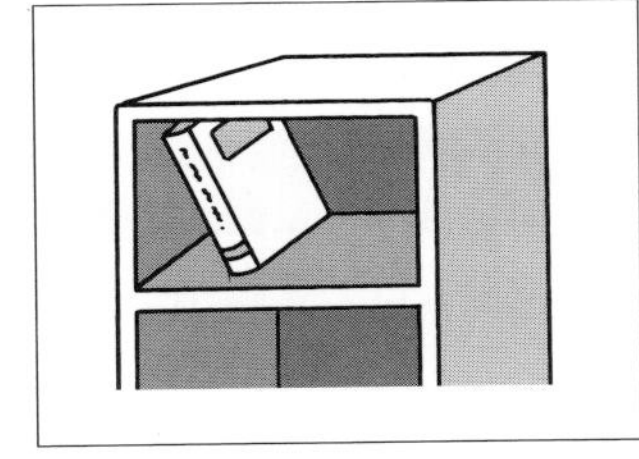

コラム 「シェパ」？ ne を省略した否定

否定文は動詞を ne と pas で挟む、と学習しましたが、くだけた会話では ne が省略されることが多くあります。ne... jamais や ne... que などの表現でも同様です。Je ne sais pas.「知らないよ」は、主語人称代名詞の je も弱まって Chais pas.「シェパ」と聞こえることがあります。このほかにも Pas du tout !「全然！」Pas possible !「ありえない！」といった、pas を単独で使用する表現は会話でよく使われます。

Leçon 8

文　法

♪ 8-1　疑問副詞　「どこ」「いつ」「どのように」などを尋ねるときに用います。
1-63

これまで見てきた疑問文と同様に、語順は以下の 3 つが可能です。 ➔ Leçon 3-3, 6-2

① 平叙文と同じ語順で文末に疑問副詞を置く。

② 疑問副詞を文頭に置いて est-ce que 疑問文を続ける。

③ 疑問副詞を文頭に置いて倒置疑問文を続ける。　*pourquoi を除き、代名詞以外の名詞も単純倒置が可能です。

où（場所）　どこに、どこへ

Où est la poste ?　郵便局はどこですか？

quand（時）　いつ　　*Quand est-ce que のリエゾンに注意してください。

Quand est-ce que tu pars ?　きみはいつ出発するの？

comment（手段、様態）　どのように

Comment allez-vous à Paris ?　どのように（どの交通機関で）パリに行きますか？

Comment allez-vous ?　お元気ですか？　* この表現のみリエゾンします。

Vous vous appelez comment ?　お名前は？

combien (de)（数量）　どれだけ（の）

C'est combien ?　おいくらですか？

Combien de cours as-tu aujourd'hui ?　今日は授業いくつある？

pourquoi（理由）　なぜ、どうして

Pourquoi Paul est-il absent ?　ポールはどうして休みなんですか？

* 答えには parce que を用います。Parce qu'il est malade.　病気だからです。

♪ 8-2　疑問形容詞　「どれ、どの～」と尋ねる形容詞です。
1-64

	単数	複数
男性	quel	quels
女性	quelle	quelles

・形容詞なので、修飾する名詞に応じて変化します。➔ Leçon 4-1

・発音はすべて同じです。

・日本語の「何、誰」に対応することもあるので注意してください。

・属詞用法　quel + être + 主語？　*quel は主語に性数一致します。主語は名詞に限られ、代名詞は用いません。

Quel est votre numéro de téléphone ?　あなたの電話番号は？

Quelle est votre adresse ?　あなたのご住所は？

・付加用法 quel + 名詞　*quel は名詞に性数一致します。ひとまとまりで疑問詞と同様に扱い、3 つの語順が可能です。

Il a quel âge ? / Quel âge est-ce qu'il a ? / Quel âge a-t-il ?　彼は何歳ですか？

Vous habitez dans quelle ville ? / Dans quelle ville est-ce que vous habitez ? /

Dans quelle ville habitez-vous ?　どこの町にお住まいですか？

語　彙

・方角

nord (*m.*) 北　**sud (*m.*)** 南　**est (*m.*)** 東　**ouest (*m.*)** 西　*est の発音に注意

dans le nord de... ～の北部に　**dans le nord de Paris** パリ北部に（＝パリの中）

au nord de... ～から北に　**au nord de Paris** パリの北に（＝パリの外）

＊大文字の le Nord, le Sud は「北部」「南部」、一般には「北仏」「南仏」を表します。

・位置関係

gauche (*f.*) 左　**à gauche (de)**（～の）左に、左へ　**gauche** 左の

droite (*f.*) 右　**à droite (de)**（～の）右に、右へ　**droit, *e*** 右の

au-dessus (de)（～の）上に　**au-dessous (de)**（～の）下に

＊同じ綴りの形容詞 droit, *e*「まっすぐな」、副詞「まっすぐに」(tout) droit に注意してください。

Tournez à droite dans la deuxième rue.　２本目の道を右に曲がってください。

Allez tout droit.　まっすぐ行ってください。

表　現

・感嘆表現

Quel(le)(s) + 名詞

Quelle surprise !　これは驚いた！（＝なんという驚き！）

Comme + 節、Que + 節

Comme c'est beau !　なんと美しいのでしょう！

Que le temps passe vite !　なんと時間の経つのが早いのでしょう！

・動詞 faire を用いた表現

faire

	単数	複数
1 人称	je fais	nous faisons
2 人称	tu fais	vous faites
3 人称	il fait	ils font

＊複数の活用が不規則なので注意してください。
(vous の直説法現在の活用が -ez で終わらないのは
être : vous êtes、faire : vous faites、dire (言う) : vous dites
だけです。)

＊ faisons「フゾン」は発音の例外です。

Il fait la cuisine [le ménage, des courses].　彼は料理をする［掃除をする、買い物をする］。

faire + 部分冠詞 + スポーツ名／楽器名

Elles font du tennis depuis leur enfance.　彼女たちは子供の頃からテニスをしている。

Frédéric fait du piano.　フレデリックはピアノを弾く。

＊「演奏している」の意味では用いません（その場合は Frédéric joue du piano.）。

Leçon 8

問 題

❶ (　) 内に入れるのにもっとも適切なものを選んで書き入れてください。

(1) — Salut, Roland. (　　　　　) vas-tu ? — Je vais à l'hôpital.
[Combien / Où / Quand]

(2) — (　　　　　) est-ce que vous allez revenir au Japon ? — Peut-être après mes études.
[Comment / Où / Quand]

(3) — (　　　　　) n'est-il pas là ? — Parce qu'il est trop fatigué pour venir.
[Où / Pourquoi / Quand]

(4) — (　　　　　) est-ce que vous venez ici ? — Je viens en voiture.
[Combien / Comment / Pourquoi]

(5) — Ça fait (　　　　　) s'il vous plaît ? — Vingt euros.
[combien / comment / pourquoi]

❷ [　] 内の疑問詞を用いて、以下の文章が答えになるような疑問文を書いてください。

(1) C'est dix euros. [combien] ____________________

(2) J'habite près d'ici. [où] ____________________

(3) Il rentre demain. [quand] ____________________

(4) J'achète deux kilos d'oranges. [combien] ____________________

(5) Je visite ce village en moto. [comment] ____________________

❸ [　] 内の語をすべて用いて、日本語に対応する文を作ってください。

(1) きみのお兄さんは元気？
______ ______ ______ frère ?　　[comment / ton / va]

(2) 彼は何歳ですか。
Il ______ ______ ______ ?　　[a / âge / quel]

(3) お仕事はなんですか。
______ ______ ______ profession ?　　[est / quelle / votre]

(4) どうしてそんなこと言うの？
______ ______ ______ tu dis ça ?　　[est-ce / pourquoi / que]

(5) 教室に椅子はいくつありますか。
______ ______ ______ y a-t-il dans la classe ?　　[chaises / combien / de]

❹ リスニング　文章を聞きとって（　）内に各１語を書き入れてください。 ♪1-69

(1) (　　　　　) il mange !

(2) (　　　　　) beau temps !

(3) Mon fils (　　　　　) (　　　　　) (　　　　　) depuis quatre ans.

(4) Cet été, nous allons voyager (　　　　　) (　　　　　) (　　　　　) du Japon.

(5) Tournez (　　　　　) (　　　　　) dans la première rue et avancez (　　　　　) (　　　　　).

❺ リスニング　応答として適切なものをそれぞれ①、②から選んでください。 ♪1-70

(1) ① À pied.　② À Tokyo.　(　　　　　)

(2) ① C'est 15 euros.　② Près de Bordeaux.　(　　　　　)

(3) ① Ce soir.　② En train.　(　　　　　)

(4) ① Je suis étudiant.　② Je m'appelle Julien Sorel.　(　　　　　)

(5) ① J'ai 20 ans.　② Je suis japonaise.　(　　　　　)

コラム　tout のすべて ♪1-71

	単数	複数
男性	tout	tous
女性	toute	toutes

「すべて」という意味の tout には形容詞、副詞、名詞、代名詞と多くの用法があります。まずは性数の変化を確認しておきましょう。形容詞の tout は、単数名詞を修飾する場合は「～全体、～のすべて」、複数名詞を修飾する場合は「すべての～、毎～」という意味になります。toute la journée「一日中」と tous les jours「毎日」のそれぞれの表現を見ればわかると思います（jour と journée の違い ➔ Leçon 4「コラム」）。副詞の tout は「まったく、とても」の意味になります。副詞ですが、Il est tout content. / Elle est toute contente.「彼（彼女）はすっかり満足している」のように、子音ではじまる形容詞の前では性数一致します。代名詞の tous「すべての人、物」は Je les connais tous.「私は彼ら全員を知っている」、nous tous「われわれ全員」のように人称代名詞と同格的に使いますが、特に注意したいのは発音です。形容詞では発音しなかった語末の s を代名詞では発音して「トゥス」になります。tout を含んだ表現も数多くあります。tout le monde「みんな、全員」、tout à fait「全く」、tout à l'heure「さっき、もうすぐ」、tout de suite「すぐに」などなど、C'est tout.「これで全部です」とは行きませんが、少しずつおぼえていきましょう！

Leçon 9

文 法

♪ 9-1 非人称構文　英語の It rains. や It... to 構文の it にあたる、形式上の主語 il を用います。
1-72

・**天候** → 右ページ「語彙」

・**時刻** → 右ページ「表現」

・**il y a** 存在「～がある、いる」（→ Leçon 1「表現」）、期間「～前」（→ Leçon 7「語彙」）

・**Il faut + 不定詞・名詞　必要をあらわす**　* faut は動詞 falloir の活用

Il faut bien réfléchir avant de décider.　決める前によく考えなくてはいけない。

Il faut des années pour apprendre l'allemand.　ドイツ語を身につけるには何年もかかる。

・**Il est + 形容詞 + de + 不定詞／ que + 節**　*「節」は主語・動詞を含む語群のことです。

Est-il possible d'aller à pied à ce village ?　この村に歩いて行けますか？

・**存在を表す自動詞**（rester 残っている、exister 存在する など）

Il reste encore dix euros dans ma poche.　まだポケットに 10 ユーロある。

Il existe plusieurs sortes de tomates.　何種類ものトマトが存在する。(= il y a)

♪ 9-2 強勢形人称代名詞　動詞から離れた位置や単独で用いられる形です。
1-73

単数			複数		
1 人称 (je)		moi	1 人称 (nous)		nous
2 人称 (tu)		toi	2 人称 (vous)		vous
3 人称	男性 (il)	lui	3 人称	男性 (ils)	eux
	女性 (elle)	elle		女性 (elles)	elles

・主語人称代名詞と形がことなる moi, toi, lui, eux に注意してください。

・属詞として、主に C'est や Ce sont のあとで

— Allô ? Qui est à l'appareil ? — C'est moi !　— もしもし？ どなたですか？　— 僕だよ！

・前置詞や que のあとで

Je vais chez eux avec elle.　彼女と一緒に彼らの家に行く。

・対話の返答など、動詞を省略した文で

— Je suis fatiguée. — Moi aussi.　— 疲れたな。— 僕もだ。

— Je n'aime pas ça. Et toi ? — Moi non plus.　— これやだな。君は？　— 僕も好きじゃない。

・主語、目的語などの強調

Lui, il est français et elle, elle est belge.　彼はフランス人で、彼女のほうはベルギー人だ。

・「強勢形 -même(s)」で「～自身(で)」

Je fais tout moi-même.　なんでも自分でやります。

Il ne pense qu'à lui-même.　彼は自分のことしか考えていない。

*Il ne pense qu'à lui. では il と lui が別の人を指すと解釈されます。

語　彙

・**天候**

♪ 1-74

Quel temps fait-il ?　どんな天気ですか？

Il fait beau.　いい天気です。　**Il fait mauvais.**　悪い天気です。
Il fait chaud.　暑いです。　**Il fait froid.**　寒いです。
Il pleut.　雨が降っています。　**Il neige.**　雪が降っています。
Il y a des nuages. / Il fait nuageux.　曇っています。
Il y a du vent.　風があります。

・**季節**

1-75

le printemps (*m.*)　春　**au printemps**　春に　**l'été (*m.*)**　夏　**en été**　夏に
l'automne (*m.*)　秋　**en automne**　秋に　**l'hiver (*m.*)**　冬　**en hiver**　冬に

表　現

・**時刻の表現**

1-76

Quelle heure est-il (maintenant) ?　いま何時ですか？　* Vous avez l'heure ? とも言います。

Il est une heure.	1 時です。
Il est deux heures.	2 時です。* 2 時以降は heure に s を付ける
Il est deux heures cinq.	2 時 5 分です。
Il est deux heures et quart.	2 時 15 分です。(= Il est deux heures quinze.)
Il est deux heures et demie.	2 時半です。(= Il est deux heures trente.)
Il est trois heures moins le quart.	3 時 15 分前です。(= Il est deux heures quarante-cinq.)
Il est trois heures moins cinq.	3 時 5 分前です。(= Il est deux heures cinquante-cinq.)
Il est midi.	正午です。
Il est minuit.	夜の 12 時です。

午前の du matin　午後の de l'après-midi　夜の du soir

* 交通機関などの表記は 24 時制を用います。この場合「～分」には必ず数字を用います。
* heure は女性名詞なので「21 時」は vingt et un<u>e</u> heures になります。分を示す数字のあとにも女性名詞 minute(s) が省略されていると考えるので「6 時 21 分」は six heures vingt et un<u>e</u> になります。

à + 時刻　～時に

Je pars à huit heures du matin.　朝 8 時に出発します。

avant + 時刻　～時前に　après + 時刻　～時以後に
vers + 時刻　～時頃に　jusqu'à + 時刻　～時まで（ずっと）

Leçon 9

問　題

❶ 下にある動詞のいずれかを直説法現在形に活用させて (　) 内に書き入れてください。

(1) Il (　　　　　　　　) très chaud aujourd'hui.

(2) Il (　　　　　　　　) beaucoup. N'oubliez pas votre parapluie.

(3) Pour prendre ce train, il (　　　　　　　　) partir à sept heures du matin.

(4) — Vous avez l'heure s'il vous plaît ? — Il (　　　　　　　　) une heure et demie.

(5) — Il (　　　　　　　　) encore des places pour ce soir ? — Désolé, ce concert est déjà complet.

être, faire, falloir, pleuvoir, rester

❷ (　) 内に適切な強勢形人称代名詞を入れて、日本語に対応する文を作ってください。

(1) — 私はタバコを吸いません。 — 私もです。

— Je ne fume pas. — (　　　　　) non plus.

(2) — やあ、元気？ — 元気だよ。きみは？

— Salut, tu vas bien ? — Très bien. Et (　　　　　) ?

(3) — どの人がデュポンさんですか？　— あの人です。

— Qui est Monsieur Dupont ? — C'est (　　　　　).

(4) 私たちはニース大学の学生ですが、彼女は高校生です。

(　　　　　), nous sommes étudiants à l'université de Nice, et (　　　　　), elle est lycéenne.

(5) 高齢の方、病気の方は外出を控えてください。

Les personnes âgées ou malades doivent rester chez (　　　　　).

❸ [　] 内の語をすべて用いて、日本語に対応する文を作ってください。

(1) 今日は天気が悪い。

______ ______ ______ aujourd'hui.　　[fait / il / mauvais]

(2) 新しい仕事を見つけるのには時間がかかる。

Il ______ ______ ______ pour trouver un nouveau travail.　　[du / faut / temps]

(3) 6 月は雨が多く降る。

Il ______ ______ ______ juin.　　[beaucoup / en / pleut]

(4) これらの質問に答えるのは容易ではない。

Il n'est pas ______ ______ ______ à ces questions.　　[de / facile / répondre]

(5) 出発まで 5 分しかない。

Il ______ ______ ______ cinq minutes avant le départ.　　[ne / que / reste]

❹ (1) ～ (5) の時刻を Il est... の文で書いてください。

(1) (2) (3) (4) (5)

(1) ______
(2) ______
(3) ______
(4) ______
(5) ______

❺ リスニング　どの文にも時刻が含まれています。文の中に含まれている時刻を（可能なら綴り字で）書き入れてください。 ♪1-77

(1) ______
(2) ______
(3) ______
(4) ______
(5) ______

❻ リスニング　応答として適切なものをそれぞれ①、②から選んでください。 ♪1-78

(1) ① Non, il n'est pas là. ② Oui, un peu. (　　　)
(2) ① Non, il fait mauvais. ② Non, il n'est pas beau. (　　　)
(3) ① Non, il n'a pas chaud. ② Oui, il fait très chaud. (　　　)
(4) ① Il est midi. ② Il fait beau. (　　　)
(5) ① Il est deux heures. ② Il y a du vent. (　　　)

コラム　有音の h

heure(s) の語頭の h もそうですが、フランス語では h を発音しません。ただしフランス語には「有音の h」と呼ばれるものがあります。これは特定の単語において、語頭の発音しない h を「そこに子音があるものとして」扱い、リエゾンやエリジヨンをおこなわないという規則です。「有音の h」という名前ですが、発音はされないことに注意してください！ パリの地名 Les Halles「レ・アール」などはこの例です。「有音の h」は個別におぼえるしかありませんが、基本単語では haut, e「高い」がそうです。リエゾンがおこなわれないので la haute montagne「(その) 高い山」となります。

Leçon 10

文　法

♪ 10-1　目的語人称代名詞　名詞が代名詞になると目的語は動詞の前に置かれます。
2-01

直接目的語人称代名詞

Je t'aime. きみが好きだ。

Nous prenons ce plat. → Nous le prenons. これ(この料理)を注文します。

単数			複数		
1 人称 (je)		me [m']	1 人称 (nous)		nous
2 人称 (tu)		te [t']	2 人称 (vous)		vous
3 人称	男性 (il)	le [l']	3 人称	男性 (ils)	les
	女性 (elle)	la [l']		女性 (elles)	

・前置詞を介さない動詞の直接目的語に代わります。

間接目的語人称代名詞

Elle répond à son professeur. ➔ Elle lui répond. 彼女は彼(先生)に返事をする。

単数			複数		
1 人称 (je)		me [m']	1 人称 (nous)		nous
2 人称 (tu)		te [t']	2 人称 (vous)		vous
3 人称	男性 (il)	lui	3 人称	男性 (ils)	leur
	女性 (elle)			女性 (elles)	

・前置詞 à を介する間接目的語に代わります。

・lui, leur は原則として〈à + 人〉に対してのみ用います。〈à + 物〉には y を用います。(➔ Leçon 10-2)

＊〈代名詞 + 動詞〉の結びつきは強く、ひとかたまりにして扱います。

否定：Elle ne m'aime plus.　彼女はもう私を愛していない。

倒置：Lui téléphonez-vous ?　あなたは彼(彼女)に電話をかけますか？

否定命令：Ne les invitez pas.　彼らを招いてはいけません。

＊ただし肯定命令文では動詞のあとに – で結んで置かれます。この際、me は moi に、te は toi に変化します。

Aide-moi, s'il te plaît.　手伝って。

♪ 10-2　中性代名詞　性数によって変化しない代名詞です。語順は人称代名詞と同じです。
2-02

・**en**　〈de + 名詞〉、定冠詞や指示形容詞のついていない不特定の名詞を受けます。

On parle beaucoup de cet accident. → On en parle beaucoup.

Il mange des croissants. → Il en mange.　➔右ページ「表現」

Buvez du lait. → Buvez-en.

・**le**　名詞以外の品詞や節を受けます。

— Est-il encore étudiant ? — Oui, il l'est toujours.　＊ le = étudiant（属詞）

— Elle est maintenant à Paris. — Je le sais.　＊ le = elle est maintnant à Paris（節）

・**y**　〈à + 物〉、〈à [dans, en, sur, sous, chez など] + 場所〉を受けます。

Je pense à mes vacances. → J'y pense.

Il arrive à Paris. → Il y arrive.

Leçon 10

目的語人称代名詞、中性代名詞

語　彙

・**avoir を使った表現②**

avoir envie de + 名詞・不定詞　　～が欲しい、～したい

avoir besoin de + 名詞・不定詞　　～が必要である

avoir peur de + 名詞・不定詞　　～が怖い

avoir (un) rendez-vous avec + 人　　～と約束がある

avoir l'air + 形容詞　　（人、物の様子が）～のようだ

＊形容詞は air (*m.*) ではなく主語に一致します。

Ces gâteaux ont l'air bons.　これらのケーキはおいしそうだ。

表　現

・**en と数量表現**

数量が限定されていないとき、もしくは数量がゼロのときは en を単独で用います。

— As-tu des stylos ?　— Oui, j'en ai. / — Non, je n'en ai pas.

数量が限定されているときは数量を示す語句を en と一緒に用います。

— Est-ce qu'elle a des frères ?　— Oui, elle en a un.

— Avez-vous des amis étrangers ?　— Oui, j'en ai beaucoup.

・**目的語人称代名詞を併用する場合の語順**

間接目的語　直接目的語　間接目的語

1、2人称　　3人称　　3人称

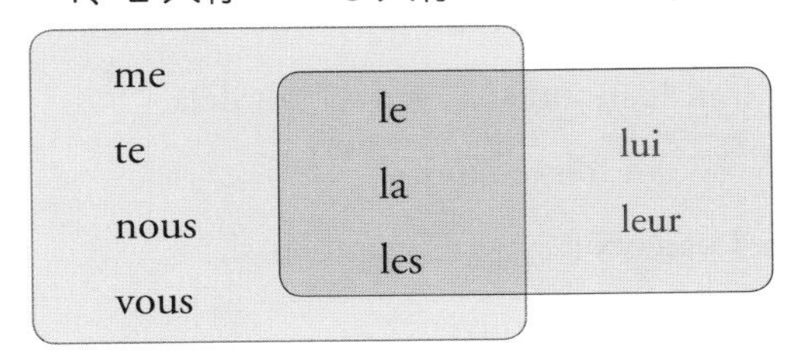

動詞　(pas)

＊ただし肯定命令文は必ず〈直接目的語 – 間接目的語〉の順になります（cf. Donne-le-moi. それ僕にくれよ）。

・**近接未来・近接過去や pouvoir などがある場合**

代名詞はそれを目的語とする動詞の直前に置かれます。

Ce T-shirt est trop petit. Je vais le donner à ma sœur.

このTシャツは小さすぎる。妹（姉）にこれをあげよう。

Je ne peux pas lui dire la vérité.　彼（女）に本当のことは言えない。

Leçon 10

問　題

❶ 下線部を目的語人称代名詞に変えて全文を書き換えてください。

(1) Il regarde cette vieille photo.

(2) Marie écrit souvent à ses parents.

(3) Je vais acheter ces chaussures.

(4) Ne dites pas la vérité à Pierre.

(5) Je n'aime plus mon mari.

❷ (　) 内に適切な目的語人称代名詞を入れて、日本語に対応する文を作ってください。

(1) — ソフィーがいないね。 — 今晩電話してみます。

— Sophie n'est pas là. — Je vais (　　　) téléphoner ce soir.

(2) — ジャックとはもう会ってないの？ — いや、よく会ってるよ。

— Tu ne vois plus Jacques ? — Si, je (　　　) vois souvent.

(3) — この街をどう思いますか？ — とても気に入ってるよ。

— Comment trouves-tu cette ville ? — Elle (　　　) plaît beaucoup.

(4) — 私の言うことを聞いていますか？ — はい、聞いています。

— (　　　) entendez-vous ? — Oui, je (　　　) entends.

(5) — この俳優の写真を 1 枚持ってるよ。 — 見せてよ。

— J'ai une photo de cet acteur. — Montrez-(　　　)-(　　　).

❸ 下線部に適切な中性代名詞（en, le, y）を選んで書き入れてください。

(1) — Connaissez-vous le jardin de Luxembourg ? — Oui, nous (　　　) allons souvent.

(2) — Tu sais qu'elle va se marier ? — Tout le monde (　　　) sait déjà.

(3) — Il a combien d'élèves ? — Il (　　　) a trente-cinq.

(4) Je suis très content du résultat et mes parents (　　　) sont aussi.

(5) Notre première rencontre, vous vous (　　　) souvenez ?

❹ (　) 内に入れるのにもっとも適切なものを選んで書き入れてください。

(1) — Où est-ce que je mets le tableau ? — Mets-(　　　) sur ce mur.　[en / le / y]

(2) — Qu'est-ce que tu veux ? — De l'eau, s'il (　　　) plaît.　[me / te / vous]

(3) — Ton fils a des amis au Japon ? — Oui, il (　　　) a beaucoup.　[en / les / y]

(4) — Votre sœur n'est plus à Paris ? — Si, elle (　　　) reste encore.　[la / lui / y]

(5) — Qu'est-ce qu'il en pense ? — Je ne sais pas. Je vais (　　　) demander son avis.

[en / le / lui]

❺ [　] 内の語をすべて用いて、日本語に対応する文を作ってください。

(1) 彼はそこに着いたばかりだ。

Il ＿＿＿ ＿＿＿ ＿＿＿ ＿＿＿ .

[arriver / d' / vient / y]

(2) 彼女は私に会いたがっていない。

Elle ne ＿＿＿ ＿＿＿ ＿＿＿ ＿＿＿ .

[me / pas / veut / voir]

(3) この本貸して。明日返すよ。

Prête-moi ce livre. ＿＿＿ ＿＿＿ ＿＿＿ ＿＿＿ demain.

[je / le / rends / te]

❻ リスニング　文章を聞きとって下線部に語句を書き入れてください。 ♪2-05

(1) Mon fils ＿＿＿＿＿＿ ce jeu vidéo.

(2) As-tu ＿＿＿＿＿＿ ce livre ?

(3) J'ai ＿＿＿＿＿＿ mon professeur cet après-midi.

(4) Il a l' ＿＿＿＿＿＿ .

(5) N'ayez pas ＿＿＿＿＿＿ dire non.

❼ リスニング　応答として適切なものをそれぞれ①、②から選んでください。 ♪2-06

(1) ① Oui, je le connais.　② Non, je ne la connais pas.　(　　)

(2) ① J'en ai un.　② Je ne la trouve pas.　(　　)

(3) ① Oui, allons-y.　② Oui, je le prends.　(　　)

(4) ① Oui, il me plaît beaucoup.　② Oui, s'il vous plaît.　(　　)

(5) ① Merci, j'en veux un peu.　② Merci, je le prends.　(　　)

コラム　connaître と savoir の違い、知っていますか？

どちらも「知っている」という日本語に訳すことができますが、connaître は人、物、場所などを「見聞きして知っている」あるいは「知り合いである」を意味します。それに対して savoir は「情報として知っている」という意味になります。構文としても connaître は多くは直接目的語をとり、savoir は〈savoir que + 節〉のかたちでよく使われます。また〈savoir + 動詞〉は「〜する技能を身につけている」という意味の「〜できる」で、pouvoir とは異なります。Je sais nager. は「私は泳げる（＝泳ぐすべを心得ている）」ですが、Je peux nager.「私は泳ぐことができる」のほうは、許可や権利に関わる「できる」の意味も含まれます。

Leçon 11

文 法

11-1 直説法複合過去 過去の行為や経験を表す時制です。「～した」に相当します。

〈avoir もしくは être の直説法現在 + 過去分詞〉で作ります。

過去分詞…語尾が -er で終わる動詞は例外なく -é、-ir で終わる動詞の大半は -i になります。例外も多いため巻末の活用表で確認してください。

♪ 2-07
-er : chanter → chanté、aller → allé
-ir : finir → fini、partir → parti　* ただし courir → couru、ouvrir → ouvert など例外あり
そのほか : avoir → eu、être → été、faire → fait、prendre → pris、
devoir → dû、vouloir → voulu、pouvoir → pu など

avoir を用いるもの：すべての他動詞と大部分の自動詞。
être を用いるもの ：移動や状態の変化に関わる一部の自動詞。（[ ] 内は過去分詞の例外）

♪ 2-08

aller 行く ↔ venir [venu] 来る	passer 通る
retourner（来た場所に）戻っていく ↔ revenir [revenu]（今いる場所に）帰って来る	rentrer 帰宅する
partir 出発する ↔ arriver 到着する	tomber 落ちる
entrer 入る ↔ sortir 出る	rester とどまる
monter 上がる ↔ descendre [descendu] 下りる	devenir [devenu] ～になる
naître [né] 生まれる ↔ mourir [mort] 死ぬ	

♪ 2-09 être を用いる場合は過去分詞を主語に性数一致させます。

Il est allé en France.　Ils sont allés en France.
Elle est allée en France.　Elles sont allées en France.

否定形は avoir もしくは être の前後に ne と pas を置きます。

Je n'ai pas chanté.　Ils ne sont pas arrivés en France.

倒置をする場合は主語人称代名詞を avoir もしくは être の後ろに置いて - で結びます。

A-t-il chanté ?　Ne sont-ils pas arrivés en France ?

* 直説法複合過去をはじめとする〈avoir もしくは être の活用 + 過去分詞〉でつくる時制を「複合時制」と呼びます。
（➔ Leçon 12-2 直説法大過去、Leçon 13-2 直説法前未来）

♪ 2-10 11-2 過去分詞の性数一致 être を用いる自動詞以外でも過去分詞が性数一致をすることがあります。

代名動詞の複合過去形は être を用い、過去分詞は再帰代名詞に性数一致します。ただし再帰代名詞が間接目的（「～に」）の場合は性数一致しません。

Elle s'est levée à six heures.
Ils ne se sont pas téléphoné depuis longtemps.　*se は間接目的語（téléphoner à + 人）

avoir を用いる複合時制の前に直接目的語が置かれる場合、過去分詞は直接目的語に性数一致します。

J'ai enfin retrouvé ma fille : je l'ai prise dans mes bras.
Quelles villes avez-vous déjà visitées aux États-Unis ?

語　彙

2-11

・100 より多い数

100	**cent**
1 000	**mille**
10 000	**dix mille**
100 000	**cent mille**
1 000 000	**un million**
10 000 000	**dix millions**

* cent の複数形の s は 100 未満の端数を伴う場合と mille の前では脱落します。
250 deux cent cinquante　　200.000 deux cent mille

* mille は不変です。（複数でも s は付きません）

* cent, mille は「100 の」「1000 の」の意味がありますが、million は「100 万」という名詞なので、すぐあとに名詞を続ける際には de が必要です。
cent euros　　mille euros　　un million d'euros

* 3 桁ごとの区切りは 1 字分の空白をあけたり **.** (point) を用いたりします。なお **,** (virgule) はフランスでは小数点に用いるため注意が必要です。（例：42,195 kilomètres）

* 年号は英語のように 2 桁ずつに区切って読むことはありません。
1944　　mille neuf cent quarante-quatre　　*dix-neuf cent quarante-quatre と言うこともあります。

・en + 年号　～年に

Sarah Bernhardt est née en 1844 à Paris. Elle est morte en 1923 dans la même ville.
サラ・ベルナールは 1844 年にパリで生まれた。彼女は 1923 年に同じ都市で亡くなった。

表　現

2-12

・さまざまな否定表現②

・**ne... rien** 何も～ない

Il n'y a rien dans la boîte. 箱のなかには何もない。

* 複合時制では過去分詞の前に置きます。

Elle n'a rien mangé. 彼女はなにも食べなかった。

*rien は単独で「何も」という返答になります。

— Qu'est-ce que tu fais ? — Rien.「何してるの？」「何も」

*De rien は「どういたしまして」という意味になります。

— Merci ! — De rien.「ありがとう！」「どういたしまして」

・**ne... personne / Personne ne** + 動詞　誰も～ない、しない

Il n'y a personne dans le jardin. 庭には誰もいない。

Personne n'est venu. 誰も来なかった。　*personne に対する過去分詞の性数一致はありません。

・（**ne** とともに）**aucun(e)** + 名詞　どんな～もない、しない

Il n'y a aucun problème. なんの問題もありません。

Je n'ai aucune idée. ぜんぜんわかりません（＝どんな考えもありません）。

* それぞれ省略して Aucun problème. / Aucune idée. とも言います。

・**sans** + 名詞／不定詞　～なしで／～せずに

Ma sœur est sortie sans son portefeuille. 姉（妹）はサイフを持たずに外出した。

Il a quitté la ville sans dire un mot. 彼はひとことも言わずに街を離れた。

Leçon 11

問　題

❶ [　] 内の動詞を直説法複合過去に活用させて、日本語に対応する文を作ってください。

(1) 今朝はマルクが食事を準備した。

Marc (　　　　　　　) le repas ce matin. [préparer]

(2) 昨日なにをしましたか？

Qu'est-ce que vous (　　　　　　　) hier ? [faire]

(3) 最近ジュリエットに会った？

Tu (　　　　　　　) Juliette dernièrement ? [voir]

(4) その詩人は 51 歳で亡くなった。

Le poète (　　　　　　　) à l'âge de 51 ans. [mourir]

(5) 両親はバカンスから戻ってきた。

Mes parents (　　　　　　　) de leurs vacances. [revenir]

❷ [　] 内の語をすべて用いて、日本語に対応する文を作ってください。

(1) 今朝遅く起きた。

______ ______ ______ ______ tard ce matin.

[je / levé / me / suis]

(2) 私たちは学校に行かなかった。

Nous ______ ______ ______ ______ à l'école.

[allés / ne / pas / sommes]

(3) 彼の誕生日にケーキを作ってあげた。

Pour son anniversaire, ______ ______ ______ ______ un gâteau.

[ai / fait / je / lui]

(4) — ママはひき肉をどれくらい買ったの？

— Maman a acheté combien de viande hachée ?

— 2 キロだよ。

— ______ ______ ______ ______ deux kilos.

[a / acheté / elle / en]

(5) 彼はまだ私たちに返事をしていない。

Il ______ ______ ______ ______ encore donné de réponse.

[a / ne / nous / pas]

❸ 文中の過去分詞を性数一致させてください。(必要がなければ×を書いてください)

(1) Ils se sont levé ______ à six heures.

(2) Ces fraises sont très fraîches. Je les ai acheté ______ ce matin au marché.

(3) Ma grand-mère habite toute seule. Je lui ai écrit ______ une langue lettre.

(4) Quelle cravate avez-vous choisi ______ ?

(5) Jean et moi, nous nous sommes téléphoné ______ tous les week-ends.

❹ リスニング　どの文にも数が含まれています。文の中に含まれている数字を(可能なら綴り字で)書き入れてください。 ♪ 2-13

(1) ______________________________

(2) ______________________________

(3) ______________________________

(4) ______________________________

(5) ______________________________

❺ リスニング　文章を聞きとって下線部に語句を書き入れてください。 ♪ 2-14

(1) À Bruxelles, nous ______________ beaucoup de photos.

(2) Je ______________ en Allemagne.

(3) Ma femme ______________ Jeanne ______________ quelques jours.

(4) Je lui ai écrit, mais je n'ai ______________ de réponse.

(5) J'aime ces jolies robes. Ma mère ______________ pour moi.

コラム 「行ったことがある」はどう言う？

英語の現在完了形には He has been to Paris.「彼はパリに行ったことがある」、He has gone to Paris.「彼はパリに行ってしまった(まま帰ってこない)」の使い分けがありました。フランス語では Il est allé (une fois) à Paris. も Il a été (une fois) à Paris. も「彼はパリに(一度)行ったことがある」という意味になります。会話のなかで出てきた地名に J'y ai été une fois. / J'y suis allé(e) une fois.「そこに一度行ったことがあります」と言うと、会話が広がって一気に親交が深まることもあります。

Leçon 12

文　法

♪ 12-1　直説法半過去
2-15

過去のある時点で完了していない行為や状況を表す時制です。「～していた」「～だった」に相当します。

語幹は直説法現在の活用形から ons を除いたもの。例外は être → ét- のみ。**用法** ➔ 右ページ「表現」

chanter : nous chantons → 半過去形の語幹 chant-

finir : nous finissons → 半過去形の語幹 finiss-

faire：nous faisons → 半過去形の語幹 fais-　*faisons の発音例外もそのままです。

chanter

je	chantais	nous	chantions
tu	chantais	vous	chantiez
il	chantait	ils	chantaient

・活用語尾はすべての動詞に共通です。

・1 ～ 3 人称の単数、3 人称複数の動詞の活用は同じ発音になります。

♪ 12-2　直説法大過去
2-16

過去のある時点以前に完了していた行為や状況を表す時制です。

作り方は〈avoir もしくは être の半過去形 + 過去分詞〉です。動詞によって avoir と être のどちらを用いるかは複合過去形 ➔ Leçon 11-1 と同じです（être を用いる場合は過去分詞の性数一致が必要）。

Ils avaient marché pendant des heures et ils étaient épuisés.　彼らは何時間も歩いて、ヘトヘトになっていた。
過去のある時点で完了していた行為　過去の状態

La semaine dernière, ils étaient déjà revenus au Japon.　先週、彼らはもう日本に帰ってきていた。
過去の一時点　その時点で完了していた行為

Quand je l'ai vu, il n'avait pas encore appris cette nouvelle.　私が会ったとき、彼はまだその知らせを受け取っていなかった。
過去の一時点　その時点で完了していた（いなかった）行為

♪ 12-3　節を導く que と時制の照応
2-17

意思や判断、感情を示す動詞（句）の直接目的語として〈que + 節〉が用いられます。
（savoir 知っている、dire 言う、penser 考える、croire 思うなど）　➔ Leçon 18-2 接続法現在

Elle sait que je l'aime.　彼女は私が彼女を好きだと知っている。

・時制の照応

Je crois qu'il ment	直説法現在 + 直説法現在	彼が嘘をついていると思う。（現在の同時性）
Je crois qu'il a menti.	直説法現在 + 直説法複合過去	彼が嘘をついたと思う。（現在から見た過去）
Je croyais qu'il mentait.	直説法半過去 + 直説法半過去	彼が嘘をついていると思っていた。（過去の同時性）
Je croyais qu'il avait menti.	直説法半過去 + 直説法大過去	彼が嘘をついたと思っていた。（過去から見た過去）

語　彙

♪ 2-18

・頻度

いつも、常に	**toujours**
規則的に	**régulièrement**
しばしば、よく	**souvent**
ときどき	**quelquefois、de temps en temps、parfois**
ほとんど〜ない	**rarement**
週［月、年］に１回［２回］	**une fois [deux fois] par semaine [mois, an]**
はじめて	**pour la première fois**

表　現

半過去と半過去

・過去の継続的な状況や習慣を表します。

Quand j'étais petit, je n'aimais pas les carottes.
小さかったとき、ニンジンが好きではなかった。

Quand j'étais à Paris, j'allais souvent au cinéma avec mes amis.
パリにいた頃、よく友達と映画を見に行った。

現在と半過去

・現在と対比した過去の事態を表します。

Maintenant, il chante très bien, mais avant, il chantait mal.
いま彼は歌が上手だが、以前はへただった。

半過去と複合過去

・過去のある時点での事態を示します。

Quand je suis arrivé devant la poste, il y avait une longue queue.
郵便局の前に着いたとき、長い列があった。

・なんらかの出来事が起こる背景、過去の状況を述べます。（出来事は複合過去）

Je dormais. Tout à coup, le téléphone a sonné.　私は眠っていた。突然電話が鳴った。

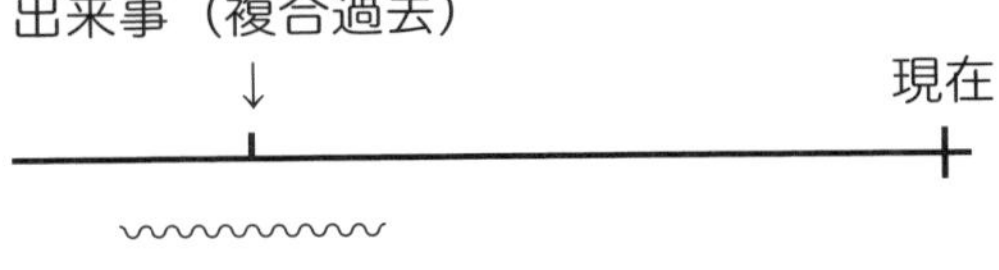

状況（半過去）

Leçon 12

問　題

❶ [　] 内の動詞を直説法半過去形に活用させて、日本語に対応する文を作ってください。

(1) そのとき私は買い物をしていた。
Je (　　　　　　　　) des courses à ce moment-là. [faire]

(2) 以前、私たちはアメリカに住んでいた。
Avant, nous (　　　　　　　　) aux États-Unis. [habiter]

(3) 私の父は画家になりたかった。
Mon père (　　　　　　　　) être peintre. [vouloir]

(4) 毎夏、彼らはレ島でバカンスを過ごした。
Chaque été, ils (　　　　　　　　) leurs vacances à l'île de Ré. [passer]

(5) 10 年前、彼女は週に一度夕食に来た。
Il y a 10 ans, elle (　　　　　　　　) dîner une fois par semaine. [venir]

❷ [　] 内の動詞を直説法大過去形に活用させてください。

(1) Nous (　　　　　　　　) toute la journée et nous étions fatigués. [travailler]

(2) La soupe était trop salée. On (　　　　　　　　) trop de sel. [mettre]

(3) Patrice avait sommeil : il (　　　　　　　　) toute la nuit. [conduire]

(4) Je croyais qu'ils (　　　　　　　　). [partir]

(5) On m'a dit qu'elle (　　　　　　　　). [se marier]

❸ [　] 内の動詞を直説法半過去形または大過去形に活用させて、対話文を作ってください。

(1) — Vous avez acheté quelque chose dans ce magasin ?
— Non, il n'y (　　　　　　　　) rien d'intéressant. [avoir]

(2) — Mon père est rentré de Pékin hier soir.
— Je ne (　　　　　　　　) pas qu'il était en Chine. [savoir]

(3) — Elle va déménager à Montréal.
— Ah bon ? Je (　　　　　　　　) qu'elle y était déjà. [croire]

(4) — Hier midi, vous étiez fatigués, n'est-ce pas ?
— Oui, nous (　　　　　　　　) toute la matinée. [marcher]

(5) — Tu étais absent en classe hier.
— Oui. J'(　　　　　　　　) un rhume. [attraper]

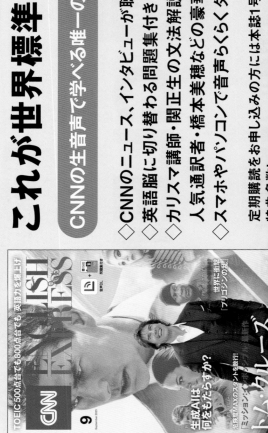

❹ [　] 内の語をすべて用いて、日本語に対応する文を作ってください。

(1) 小さい頃、父は素晴らしい生徒だった。

______ ______ ______ ______ , mon père était un excellent élève.

[était / il / petit / quand]

(2) その頃、私は早く床についていた。

À cette époque, ______ ______ ______ ______ .

[je / couchais / me / tôt]

(3) ソフィーはここに来たことがあると言った。

Sophie a dit qu' ______ ______ ______ ______ ici.

[était / déjà / elle / venue]

(4) フランスに来る前、彼は料理をしたことがなかった。

Avant de venir en France, il ______ ______ ______ ______ la cuisine.

[avait / fait / n' / jamais]

(5) タクシーが待っていたが、私はまだ荷造りを終えていなかった。

Le taxi m'attendait, mais je n' ______ ______ ______ ______ mes valises.

[avais / encore / fini / pas]

❺ リスニング　文章を聞きとって下線部に語句を書き入れてください。　♪ 2-20

(1) Quand ma fille ______ petite, nous ______ à la piscine tous les week-ends.

(2) Je ______ le journal quand ma mère ______ .

(3) Sa fille ______ quand il ______ 30 ans.

(4) Je ______ qu'elle ______ en Belgique.

(5) L'employé de la station m'a dit que le dernier métro ______ .

コラム 「むかしむかし…」

シャルル・ペローの昔話『赤ずきん』*Le Petit Chaperon rouge* は « Il était une fois une petite fille de village [...] » と始まります。この être は il y a と同じく非人称で「～がいる、ある」という用法で、その半過去を使って物語のなかに読者を引き入れています。ペローが発明したと言われる « Il était une fois... » は昔話をはじめる定型句になりました。ところで、『眠れる森の美女』*La Belle au bois dormant* も同じくペローの昔話ですが、フランス語のタイトルを見ると「眠れる」は「美女」ではなく「森」にかかっていることがわかりますね。日本語では曖昧な被修飾語が、フランス語では性数一致のおかげではっきりしています。

Leçon 13

文　法

♪ 2-21 13-1　直説法単純未来　予定や予想など未来の事柄を表す時制です。

語幹は原則として不定詞の末尾の -r, re, oir を除いたもの。

chanter → chante-　　finir → fini-
prendre → prend-　　devoir → dev-

chanter

je	chanterai	nous	chanterons
tu	chanteras	vous	chanterez
il	chantera	ils	chanteront

・活用語尾はすべての動詞に共通です。

特殊な語幹を取る動詞（下線部が語幹）

être (je serai)、avoir (j'aurai)、aller (j'irai)、venir (je viendrai)、faire (je ferai)、vouloir (je voudrai)、pouvoir (je pourrai) など

Elle aura vingt ans le mois prochain.　彼女は来月 20 歳になる。

Je reviendrai dans une semaine.　一週間後に戻ってきます。

Je n'ai pas faim. Je mangerai plus tard.　お腹がすいてない。あとで食べるよ。

* 2 人称を主語にした軽い命令・指示も表します。
Tu viendras demain.　明日来てくれるね。

♪ 2-22 13-2　直説法前未来　未来のある時点で完了しているはずの行為や状況を表す時制です。

作り方は〈avoir もしくは être の単純未来 + 過去分詞〉です。動詞によって avoir と être のどちらを用いるかは複合過去形 ➔ Leçon 11-1 と同じです。

Ma femme sera rentrée à sept heures.
（Ma femme sera rentrée：完了しているはずの行為　à sept heures：未来の一時点）

Quand ils arriveront, je serai déjà parti.
（Quand ils arriveront：未来の一時点　je serai déjà parti：完了しているはずの行為）

* ある行為が完了してから別の行為を行う場合、〈quand + 前未来〉と単純未来を用います。
Je sortirai quand j'aurai fini mes devoirs.　宿題を終えたら外出します。
* すでにおこっている出来事の推測にも用いられます。（単純未来の予測の用法を過去に移したもの）
Il n'est pas là. Il aura manqué le train.　彼がいない。電車に乗り遅れたんだろう。

語　彙

2-23

・未来の時点を示す表現

前置詞がないものもそのままで副詞的に用います。

demain 明日　**après-demain** あさって
la semaine prochaine 来週　**le mois prochain** 来月　**l'an prochain (l'année prochaine)** 来年
dans... ～後に　**avant...** ～以内に　**...après、...plus tard** ～後に
plus tard あとで　**à l'avenir** 今後　**dans le futur** 将来

*〈à + 未来の時点〉で「また～（に会いましょう）」の意味になります。

À demain ! また明日！　À la semaine prochaine ! また来週！
À ce soir ! また今晩！　À lundi ! また月曜日に！
À plus tard ! またあとで！（その日のうちに会う予定があるとき）
À (très) bientôt ! また近いうちに！（再会を期待しているとき）

*tout à l'heure は未来では「もうすぐ」、過去では「ついさっき」の意味になります。

未来： Il viendra tout à l'heure. 彼はもうすぐ来るだろう。
À tout à l'heure ! またあとで！
過去： Il est sorti tout à l'heure. 彼はついさっき出かけた。

表　現

2-24

仮定の si　「～すれば～だろう」

・〈si + 現在形〉+ 単純未来

Si tu travailles bien, tu réussiras ton examen.
しっかり勉強すれば試験に合格するよ。

Si je prends un taxi, j'arriverai avant midi.
タクシーに乗れば、正午前に着く。

*si... の節では未来に関わることでも単純未来を使いません。注意してください。

現在の事実に反する仮定は〈si + 半過去〉+ 条件法現在を用います。➔ Leçon 18-1

Leçon 13

問　題

❶ [　] 内の動詞を直説法単純未来形に活用させて、日本語に対応する文を作ってください。

(1) 明日の晩パリに出発する予定です。
On (　　　　　　) pour Paris demain soir. [partir]

(2) 私の赤ちゃんは来週で生後 6 ヶ月になる。
Mon bébé (　　　　　　) six mois la semaine prochaine. [avoir]

(3) 卒業後はなにをするの？
Qu'est-ce que tu (　　　　　　) après tes études ? [faire]

(4) 辞書貸してもらえる？
Tu me (　　　　　　) ton dictionnaire ? [prêter]

(5) 午前 9 時に会社に来てください。
Vous (　　　　　　) au bureau à neuf heures du matin. [venir]

❷ [　] 内の動詞を直説法前未来形に活用させてください。

(1) Dites-moi quand vous (　　　　　　) cet exercice. [terminer]
(2) Quand nous (　　　　　　) le travail, nous vous téléphonerons. [finir]
(3) Ma mère (　　　　　　) dans une heure. [rentrer]
(4) Quand ils (　　　　　　), nous irons au restaurant. [arriver]
(5) Elle n'est pas encore venue ? Sans doute elle (　　　　　　) de date. [se tromper]

❸ [　] 内の動詞を直説法単純未来形あるいは前未来形に活用させて、対話文を作ってください。

(1) — Qu'est-ce que vous ferez l'année prochaine ?
— Je (　　　　　　) à travailler. [commencer]

(2) — Il y aura du soleil demain ?
— Non, il (　　　　　　) mauvais. [faire]

(3) — Vous resterez ici ?
— Non, nous (　　　　　　) quand la pluie s'arrêtera. [partir]

(4) — Quand est-ce que j'aurai un jeu vidéo ?
— Je te l'ai déjà dit. Quand tu (　　　　　　) tes examens ! [passer]

(5) — Allô ? Quand est-ce que tu rentres ?
— J'attends encore des mails. Dès que je les (　　　　　　), je rentrerai. [recevoir]

❹ リスニング　文章を聞きとって下線部に語句を書き入れてください。 ♪ 2-25

(1) Je ＿＿＿＿＿ au bureau ＿＿＿＿＿＿＿＿＿＿ .

(2) Ma fille ＿＿＿＿＿ en France ＿＿＿＿＿＿＿＿＿＿＿＿＿＿＿ .

(3) Il ＿＿＿＿＿ ce soir.

(4) Tu ＿＿＿＿＿＿＿＿＿＿ de tes nouvelles ?

(5) Je ne pense pas que ma mère ＿＿＿＿＿＿＿＿＿＿ à ce moment.

コラム　「新綴（つづ）り字」ってなに？

比較的新しいフランス語の参考書や辞書には「新綴り字」la nouvelle orthographe という言葉が見られます。これは 2016 年の新学期からフランスの学校教科書に導入された綴りのことを指し、綴り字の単純化や、発音規則の例外の修正を試みたものです。大事なことは、これはあくまでも「許容」であって、従来の綴りが間違いになるというわけではありませんし、実際にどの程度定着するかも未知数です。この教科書では従来の綴りを使っていますが、みなさんがどこかで出会うかもしれない「新綴り字」の大まかな規則を 3 つ書いておきます。

・基数・序数を構成するすべての要素を - でつなぎます。
vingt et un → (新)vingt-et-un　　deux cents → (新)deux-cents

・いくつかの合成語から - が除かれます。
week-end → (新)weekend　　porte-monnaie → (新)portemonnaie

・i と u につくアクサンシルコンフレクス(ˆ)は省略されます。ただし同音異義語を区別するのに役立つ場合や固有名詞はそのままです。
boîte → (新)boite　　août → (新)aout　*dû や sûr はそのまま（du や sur との混同を避けるため）

なお多くのフランス人にとっては、発音規則の例外だった oignon「玉ねぎ」(「オニョン」と発音します）が「新綴り字」で ognon となることが衝撃であるらしく、慣れ親しんだ綴りを変えるのは心情的にも難しそうです。

Leçon 14

文　法

♪ 14-1　関係代名詞と関係副詞　名詞を文で修飾するための関係節（形容詞節）を導きます。
2-26

・**関係代名詞 qui**　関係節の主語（人・物の区別なし）

Tu connais la fille qui est à côté de lui ?　彼のとなりにいる女の子知ってる？

・**関係代名詞 que**　関係節の直接目的語・属詞（人・物の区別なし）

C'est un endroit que je connais bien.　ここはよく知っている場所です。

＊関係代名詞の先行詞が複合時制に置かれた動詞の直接目的語になっている場合、過去分詞は先行詞に性数一致します。➔ Leçon 11-2

J'aime bien relire des livres que j'ai déjà lus.　私は前に読んだ本を再読するのが好きだ。

・**関係代名詞 dont**　前置詞 de を含む（人・物の区別なし）

J'ai un ami dont la mère est avocate.　母親が弁護士をしている友人がいる。

Voilà le chanteur dont on parle beaucoup en ce moment.　ほら、いま話題になっている歌手だよ。

・**関係副詞 où**　場所、時の状況補語になる

C'est un très bon restaurant où on sert les spécialités de la région.
この地方の名物を出しているとてもいいレストランです。

Il est né en 1990, l'année où son père a commencé sa carrière politique.
彼は 1990 年、父親が政治家の道を歩みはじめた年に生まれた。

♪ 14-2　指示代名詞 celui　指示代名詞を先行詞にして「～である人、物」を表します。
2-27

	単数	複数
男性	celui	ceux
女性	celle	celles

・前出の名詞を受けます。単独では用いず、〈de + 名詞〉などで限定します。

・-ci、-là で遠近を示すこともあります。(➔ p. 59「コラム」)

— Ces chaussures sont à toi ? — Non, ce sont celles de mon frère.
「この靴、きみの？」「いや、兄（弟）の靴だよ」

・celui + 関係節　（前出の名詞を受けて）～な人（々）、もの

Le résultat n'est pas celui que je voulais.　結果は私の望んでいたものではなかった。

＊特定の名詞を受けず「～な人（々）」の意味で用いられることもあります。

Ceux qui ne font rien ne se tromperont jamais.　なにもしない人々はけっして誤りを犯さないだろう。

・ce + 関係節　～なもの　＊「～な人（々）」には用いません。

Moi, je ferai ce que j'ai dit.　私は言ったことは必ずする。

Ce qui n'est pas clair n'est pas français.　明晰でないものはフランス語ではない。

語　彙

2-28

・食事

petit déjeuner (*m.*) 朝食　**déjeuner (*m.*)** 昼食　**dîner (*m.*)** 夕食
entrée (*f.*) 前菜　**plat (*m.*)**（一皿の）料理、メイン　**dessert (*m.*)** デザート
repas (*m.*) 食事
menu (*m.*) 定食、コース料理

・家族

2-29

mari (*m.*) 夫　**femme (*f.*)** 妻
père (*m.*) 父　**mère (*f.*)** 母　**parents (*m. pl.*)** 両親
grand-père (*m.*) 祖父　**grand-mère (*f.*)** 祖母　**grands-parents (*m. pl.*)** 祖父母
fils (*m.*) 息子　**fille (*f.*)** 娘　**enfant** 子供　* 男女同形 un enfant / une enfant
petit-fils (*m.*) 男の孫　**petite-fille (*f.*)** 女の孫　**petits-enfants (*m. pl.*)** 孫たち
frère (*m.*) 兄（弟）　**sœur (*f.*)** 姉（妹）
* 年上、年下を限定する場合は ainé(*e*)「年上の」、petit(*e*), cadet(*te*)「年下の」を付けます。frère ainé「兄」petite sœur「妹」
oncle (*m.*) おじ　**tante (*f.*)** おば　**neveu (*m.*)** おい　**nièce (*f.*)** めい
cousin, *e* いとこ
*「義理の」は beau (belle) を付けます。beau-frère「義理の兄（弟）」belle-mère「義母」。婿（娘の配偶者）は gendre といいます。

表　現

2-30

関係詞に前置詞が付くこともありますが、〈前置詞 + qui〉は人にしか用いることができません。物・事に使う場合は lequel を用います。

	単数	複数
男性	lequel	lesquels
女性	laquelle	lesquelles

lequel は先行詞の性数によって変化し、前置詞 à、de と縮約をおこないます。

à + lequel → auquel　　à + lesquels → auxquels
　　　　　　　　　　　à + lesquelles → auxquelles

de + lequel → duquel　　de + lesquels → desquels
　　　　　　　　　　　de + lesquelles → desquelles

C'est la raison pour laquelle je ne t'ai pas parlé de lui.　これが君に彼のことを話さなかった理由だ。

Je reçois beaucoup de questions auxquelles je ne peux pas toujours répondre.
質問をたくさん受け取っているが、それらにいつも返答できるわけではない。

que で導かれる関係節では、主語名詞と動詞の活用形全体が倒置されることがあります。

C'est le cadeau que m'a offert ma grand-mère.　これらは祖母が私に贈ったプレゼントです。
（m'a offert：動詞　ma grand-mère：主語）

Leçon 14

問　題

❶ (　) 内に適切な関係代名詞・関係副詞を入れて、日本語に対応する文を作ってください。

(1) ここが私たちがよく来る美術館です。

Voici le musée (　　　　　) nous visitons souvent.

(2) オランダ語を話せる友人がいます。

J'ai un ami (　　　　　) sait parler néerlandais.

(3) その作家は私が住んでいる村で生まれた。

Cet écrivain est né dans le village (　　　　　) j'habite.

(4) これが最近話題のインド映画だ。

C'est le film indien (　　　　　) on parle beaucoup ces jours-ci.

(5) 彼は父親が貸してくれた車を運転していた。

Il conduisait la voiture (　　　　　) lui avait prêtée son père.

❷ (　) 内に適切な指示代名詞を書き入れて、対話文を作ってください。

(1) — C'est ta voiture ?

— Non, c'est (　　　　　) de mon fils.

(2) — J'ai oublié mon stylo !

— Tu peux utiliser (　　　　　)-ci alors.

(3) — Ces lunettes sont à vous ?

— Non, ce sont (　　　　　) de mon mari.

(4) — J'aime les romans de Zola. Ils m'intéressent beaucoup.

— Moi, j'aime (　　　　　) de Balzac.

(5) — Tu penses qu'il nous aidera ?

— Non. Il ne fait que (　　　　　) qui lui plaît.

❸ (　) 内に qui か que (qu') を入れて適切な文章を作ってください。

(1) Il y a des étudiants (　　　　　) travaillent beaucoup.

(2) Le garçon (　　　　　) tu m'as présenté est très sympa.

(3) Elle aime ce (　　　　　) est à la mode.

(4) Il ne pourra pas avoir ce (　　　　　) il veut.

(5) Ceux (　　　　　) ont fini l'examen peuvent sortir de la classe.

❹ [ ] 内の語をすべて用いて、日本語に対応する文を作ってください。

(1) ここは開店したばかりのレストランだ。

C'est ＿＿＿＿ ＿＿＿＿ ＿＿＿＿ ＿＿＿＿ d'ouvrir.

[qui / restaurant / un / vient]

(2) これが先日あなたが話していた本ですか？

Est-ce le livre ＿＿＿＿ ＿＿＿＿ ＿＿＿＿ ＿＿＿＿ l'autre jour ?

[avez / dont / parlé / vous]

(3) この料理は私たちが注文したものではありません。

Ce plat n'est pas ＿＿＿＿ ＿＿＿＿ ＿＿＿＿ ＿＿＿＿ commandé.

[avons / celui / nous / que]

(4) 私は貧窮している人のために投票する。

Je vote ＿＿＿＿ ＿＿＿＿ ＿＿＿＿ ＿＿＿＿ dans la misère.

[ceux / pour / qui / vivent]

(5) こちらがお選びいただける商品のリストです。

Voilà une liste d'articles ＿＿＿＿ ＿＿＿＿ ＿＿＿＿ ＿＿＿＿ choisir .

[lesquelles / parmi / pouvez / vous]

❺ リスニング　文章を聞きとって下線部に語句を書き入れてください。 ♪ 2-31

(1) Les livres ＿＿＿＿＿＿＿＿＿＿＿＿ sont très utiles.

(2) Vous souvenez-vous de ＿＿＿＿＿＿＿＿＿＿＿＿ ?

(3) J'ai un ami ＿＿＿＿＿＿＿＿ est acteur.

(4) Je n'ai jamais oublié ＿＿＿＿＿＿＿＿ cet accident a eu lieu.

(5) C'est un problème ＿＿＿＿＿＿＿＿＿＿＿＿ .

コラム　どっちが「前者」？ celui-ci と celui-là

前出の名詞を受ける指示代名詞 celui に -ci、-là を付けて、Quelle robe choisissez-vous, celle-ci ou celle-là ?「どのドレスにしますか、こちら、それともあちら？」のように遠近を示すことができます。「近いほう」が -ci、「遠いほう」が -là ですが、気をつけたいのは書き言葉での場合です。celui-ci は文章のなかでこの表現から「近いほう」、つまり「後者」を指し示します。« Le vieux critique est bon et doux, le jeune critique est implacable ; celui-ci ne sait rien, celui-là sait tout. »（Honoré de Balzac）「年老いた批評家は良識があり優しく、若い批評家は容赦がない。後者はなにも知らず、前者は全てを知っているからだ」（オノレ・ド・バルザック）

Leçon 15

文 法

♪ 15-1 比較級　優等「より〜だ」、劣等「より〜でない」、同等「同じ位〜だ」の 3 種があります。

2-32

・形容詞・副詞の比較級

優等比較級	plus	
劣等比較級	moins	+ 形容詞・副詞（+ que + 比較の対象）
同等比較級	aussi	

André est plus [moins, aussi] grand que Shohei.
アンドレは正平より背が高い［より背が低い、と同じくらい背が高い］。

Il pleut plus [moins, aussi] fort qu'hier.　昨日より強く［より弱く、と同じくらい強く］雨が降っている。

* 普通は名詞の前に置く形容詞も〈que + 比較の対象〉を後ろに伴う場合は名詞の後ろに置きます。

C'est une montagne plus haute que le Mont Blanc.　これはモンブランよりも高い山です。

・動詞の比較級（動詞の程度の比較）

	優等比較級	plus	
動詞 +	劣等比較級	moins	（+ que + 比較の対象）
	同等比較級	autant	

・plus が que の直前に置かれた場合、語末の s を発音します。

Emmanuel travaille plus [moins, autant] que Nicolas.
エマニュエルはニコラよりも［より少なく、と同じくらい］働く。

・名詞の比較級（名詞の量の比較）

優等比較級	plus de	
劣等比較級	moins de	+ 無冠詞名詞（+ que + 比較の対象）
同等比較級	autant de	

・plus de の plus も語末の s を発音することが多くなっています。

Bernard a plus [moins, autant] d'argent que Françoise.
ベルナールはフランソワーズより多くの［より少ない、と同じくらいの］お金を持っている。

♪ 15-2 最上級　最上級は優等（劣等）比較級に定冠詞を付けて作ります。

2-33

優等最上級	定冠詞 +	優等比較級	（+ de + 比較の範囲）
劣等最上級		劣等比較級	

Miroir, miroir, qui est la plus belle du royaume ?　鏡よ鏡、王国でいちばん美しい女性は誰？

Il a commandé le vin le plus [moins] cher du restaurant.　彼はレストランでいちばん高い[安い]ワインを頼んだ。

* 副詞の最上級は定冠詞 le を用います。

Elle court le plus vite de la classe.　彼女はクラスでいちばん速く走る。

*〈最上級 + possible〉で「可能な限りもっとも〜」の意味になります。

Répondez-moi le plus tôt possible.　できるだけ早く返事をください。

15-3 所有代名詞

定冠詞をつけて「～のもの」を表す代名詞です。人も物も指します。 2-34

	単数		複数	
	男性	女性	男性	女性
単数 1 人称 (je)	le mien	la mienne	les miens	les miennes
単数 2 人称 (tu)	le tien	la tienne	les tiens	les tiennes
単数 3 人称 (il, elle)	le sien	la sienne	les siens	les siennes
複数 1 人称 (nous)	le nôtre	la nôtre	les nôtres	
複数 2 人称 (vous)	le vôtre	la vôtre	les vôtres	
複数 3 人称 (ils, elles)	le leur	la leur	les leurs	

Nos bagages sont là. Où sont les vôtres ? (les vôtres = votre bagages)
私たちの荷物はここにあります。あなた（がた）のはどこですか？

Ma montre est plus précise que la sienne. (la sienne = sa montre) 私の腕時計は彼（女）のよりも正確だ。

語 彙

2-35

・特殊な比較級

		優等比較級	最上級
形容詞	bon, *ne*	meilleur, *e*	le meilleur
	mauvais, *e*	plus mauvais, *e* (pire)	le plus mauvais (le pire)
副詞	beaucoup	plus	le plus
	bien	mieux	le mieux
	mal	plus mal (pis)	le plus mal / le pis

・形容詞は性数一致します。最上級の場合は定冠詞も一緒に変化します (le meilleur / la meilleure / les meilleurs / les meilleures)。

・最上級の le plus は語末の s を発音します。

・(le) pire は抽象的な表現で、(le) pis は主に成句表現でのみ用います。

Tant mieux ! それはよかった！　Tant pis ! それは残念だ！、仕方ない！

Il vaut mieux + 不定詞　～する方がよい　＊動詞 valoir「価値がある」を用いた非人称表現

Il vaut mieux aller au boulanger qu'au médecin.
医者に行くよりパン屋に行くほうがいい。（予防が大切という意味の格言）

表 現

2-36

優等比較級は beaucoup「ずっと」や encore「さらに」、un peu「少し」などの副詞（句）で修飾することができます。ただし一般に meilleur には bien を用います。

Il est beaucoup plus grand que son père. 彼は父親よりずっと背が高い。

Ton ordinateur est bien meilleur que le mien. 君のパソコンは僕のよりずっといいね。

比較する両者の差を示すときは前置詞の de を用います。

Il est plus grand que son père de dix centimètres. 彼は父親より 10 センチ背が高い。

「～倍」は〈数字 + fois〉を比較級の前に置きます。

Mon fils gagne deux fois plus que moi. 息子は私の倍かせぐ。

Leçon 15

問　題

❶ (　) 内に適切な語を書き入れて、日本語に対応する文を作ってください。

(1) 娘は私よりずっと食べる。

Ma fille mange beaucoup (　　　　　) que moi.

(2) もう少し小さな声でお願いします。

Un peu (　　　　　) fort, s'il vous plaît.

(3) この女優は私の母と同年輩だと思う。

Je pense que cette actrice est (　　　　　) âgée que ma mère.

(4) 彼は私と同じくらいお金を持っている。

Il a (　　　　　) d'argent que moi.

(5) 妻は私より運転が上手だ。

Ma femme conduit (　　　　　) que moi.

❷ (　) 内に適切な語を書き入れて、日本語に対応する文を作ってください。1 語とは限りません。

(1) 彼女は世界一裕福な女優になった。

Elle est devenue l'actrice (　　　　　) riche du monde.

(2) 私たち全員のなかで、彼女がいちばん歌が上手だ。

Elle chante (　　　　　) de nous tous.

(3) いちばん睡眠時間の短い動物はなんですか？

Quel est l'animal qui dort (　　　　　) ?

(4) これは今年最良の映画のうちの一本だ。

C'est un des (　　　　　) films de l'année.　*l'un(e) des... と定冠詞を用いることもあります。

(5) できる限りミスを少なくします。

Je ferai (　　　　　) de fautes possible.

❸ [　] 内の語句を所有代名詞にして書き入れてください。前置詞と縮約する場合があります。

(1) Votre fils joue du foot ? (　　　　　) pratique le judo.　[mon fils]

(2) Ma valise est dans la voiture. Où est (　　　　　) ?　[ta valise]

(3) Ce ne sont pas tes jouets. Ce sont (　　　　　).　[leurs jouets]

(4) Son avis est complètement différent (　　　　　).　[de notre avis]

(5) Moi, je téléphone à mes parents tous les jours. Mais elle ne téléphone jamais (　　　　　).　[à ses parents]

❹ [　] 内の語をすべて用いて、日本語に対応する文を作ってください。

(1) できるだけ早くこの仕事を終えなさい。

Finissez ＿＿＿＿ ＿＿＿＿ ＿＿＿＿ ＿＿＿＿ ＿＿＿＿ possible.

[ce / le / plus / travail / vite]

(2) ティエリの体重は私の 3 倍だ。

Thierry pèse ＿＿＿＿ ＿＿＿＿ ＿＿＿＿ ＿＿＿＿ ＿＿＿＿ .

[fois / moi / plus / que / trois]

(3) 彼は史上最悪の大統領のうちのひとりだ。

Il est ＿＿＿＿ ＿＿＿＿ ＿＿＿＿ ＿＿＿＿ ＿＿＿＿ de l'histoire.

[des / mauvais / plus / présidents / un]

(4) 借りるより買うほうがいい。

Il ＿＿＿＿ ＿＿＿＿ ＿＿＿＿ ＿＿＿＿ ＿＿＿＿ .

[acheter / louer / mieux / que / vaut]

(5) 彼は私より 3、4 歳上だ。

Il est ＿＿＿＿ ＿＿＿＿ ＿＿＿＿ ＿＿＿＿ ＿＿＿＿ trois ou quatre ans.

[âgé / de / moi / plus / que]

❺ リスニング　読まれる文章が条件と合っていれば○、間違っていれば×を書いてください。 ♪ 2-37

(1) Jean mesure 1,82 m. Léon mesure 1,73 m. (　　　)

(2) Ce potiron-ci pèse 15 kilos. Celui-là pèse 12 kilos. (　　　)

(3) Marie a deux sacs à main, et sa sœur en a trois. (　　　)

(4) Mathieu a 1 000 euros. Emmanuel a 10 000 euros. (　　　)

(5) Il y a trois mousquetaires. Athos a 27 ans. Porthos et Aramis ont 23 ans tous les deux. (　　　)

コラム　比較級を用いない比較の表現

「～を好む」という動詞 préférer は、« Je préfère la mer à la montagne. »「私は山より海が好きだ」というように、前置詞 à を用いて比較対象を示すことができます。形容詞の supérieur, *e*「優れた」、inférieur, *e*「劣った」も同様に à に続いて比較対象を示します（J'ai eu une note supérieure à la moyenne.「私は平均以上の点数を取った」）。

Leçon 16

文　法

♪ 16-1　受動態　〈être + 過去分詞〉の形で主語が「～される」ことを表します。
2-38

・能動文から受動文へ

能動文	動作主 + 動詞 + 直接目的語
受動文	直接目的語 + être の活用　+ 動詞の過去分詞（+ par もしくは de + 動作主）

現在形　Les parents préparent le repas des élèves.　親が生徒たちの食事を準備する。
→ Le repas des élèves est préparé par les parents.

複合過去形　Les parents ont préparé le repas des élèves.　親が生徒たちの食事を準備した。
→ Le repas des élèves a été préparé par les parents.

＊過去分詞は主語の性数に一致します。
＊受動文で動作主を導く前置詞は一般に par ですが、感情や認識、事物の状態など具体的な行為を伴わない動詞には de を用います。

Madame Perrin est respectée de tout le monde. (← Tout le monde respecte Madame Perrin.)
ペランさんはみんなから尊敬されている。

♪ 16-2　強調構文　相手に伝えたいもっとも重要な要素を強調する構文です。
2-39

主語の強調	C'est + 主語 + qui ～
主語以外の要素の強調	C'est + 主語以外の要素 + que ～

Marinette a visité la tour Eiffel avec Adrien hier.　マリネットは昨日アドリアンとエッフェル塔を訪れた。

→ C'est Marinette qui a visité la tour Eiffel avec Adrien hier.

→ C'est la tour Eiffel que Marinette a visitée avec Adrien hier.

直接目的語が強調された際の性数一致 ➔ Leçon 11-2

→ C'est avec Adrien que Marinette a visité la tour Eiffel hier.

→ C'est hier que Marinette a visité la tour Eiffel avec Adrien.

＊C'est は一般に現在形で用います。過去形や未来形にする必要はありません。
＊C'est の直後に人称代名詞が置かれる場合は強勢形になります。➔ Leçon 9-2

Il t'aime. → C'est lui qui t'aime. ／ C'est toi qu'il aime.

♪ 16-3　疑問代名詞 lequel
2-40

	単数	複数
男性	lequel	lesquels
女性	laquelle	lesquelles

lequel は先行詞の性数によって変化し、前置詞 à、de と縮約をおこないます。➔ 右ページ「表現」

à + lequel → auquel　　à + lesquels → auxquels
à + lesquelles → auxquelles
de + lequel → duquel　　de + lesquels → desquels
de + lesquelles → desquelles

語　彙

2-41

・会話文成句

Mais oui ! もちろん。　Mais non ! まさか！

*mais は oui や non を強調します。否定疑問文に肯定で答える場合の強調は Mais si ! になります。

D'accord. わかりました。　Tout à fait. まったくそのとおりです。

Bien sûr. もちろんです。　Avec plaisir. 喜んで。

Bonne idée. / C'est une bonne idée. いい考えですね。

C'est possible. そうかもしれません。

Ce n'est pas possible. / C'est impossible. ありえません。

Pas question ! （そんなことは）とんでもない！

Bon(ne, s) + 名詞！ 良い…を（お祈りしています）！ * bon は名詞に性数一致

Bon week-end ! よい週末を！　Bon après-midi ! よい午後を！

Bonne soirée ! よい夜を！　Bonne nuit ! お休みなさい！

Bon anniversaire ! 誕生日おめでとう！　Bonne année ! 新年おめでとう！

Bon voyage ! よい旅を！　Bonnes vacances ! よいバカンスを！

Bon appétit ! どうぞ召し上がれ！ * 招いた人、食事を準備した人が言う表現です。

表　現

2-42

・どれ／どちら／どの～ を尋ねる

・疑問代名詞 lequel を用いて尋ねる場合：〈quel + 名詞〉に置き換わる。

— Je veux apprendre une nouvelle langue étrangère. — Laquelle ?
— 新しい外国語を勉強したいな。 — 何語？ (laquelle = quelle langue)

Il y a beaucoup de dictionnaires. Duquel as-tu besoin ?
辞書はたくさんあるよ。どれが必要なの？ (duquel = de quel dictionnaire)

Lequel de vous deux est le plus fort ?
きみたち 2 人のうちどっちが強いの？

・疑問形容詞（➔ Leçon 8-2）と指示代名詞（➔ Leçon 14-2）を使っても、同じ内容の文章が作れます。

Il y a beaucoup de crêperies dans la même rue ! Laquelle me conseilles-tu ?
(Quelle est celle que tu me conseilles ?)
同じ道に何軒もクレープ屋があるね！ どの店がきみのお勧め？

Leçon 16

問　題

❶ 次の文を下線部を主語にした受動態の文に書き換えてください。

(1) Un grand fleuve traverse le pays.

(2) Toute la classe aime Marceline.

(3) La police arrêtera les voleurs.

(4) Un loup a tué deux moutons.

(5) On a volé mon vélo.

❷ 次の文を下線部を強調する強調構文（C'est 〜）に書き換えてください。

(1) Thomas a cassé cette fenêtre.

(2) Je suis venu ici à pied.

(3) Il te cherche.

(4) Ils ont tort.

(5) Nous avons invité nos voisins.

❸ (　) 内に疑問代名詞 lequel を必要な形に変えて書き入れてください。
前置詞と縮約する場合があります。

(1) (　　　　　) parlera le premier, Pierre ou Gilles ?

(2) De ces nouvelles chaussures, (　　　　　) préfères-tu ?

(3) — De ce chanteur, je ne connais qu'une chanson. — (　　　　　) ?

(4) — J'ai lu votre livre. — Vous parlez (　　　　　) ?

(5) Il y a trois guichets. (　　　　　) dois-je m'adresser ?

❹ [　] 内の語をすべて用いて、日本語に対応する文を作ってください。

(1) この武器は侍に使われていた。

Cette ＿＿＿ ＿＿＿ ＿＿＿ ＿＿＿ ＿＿＿ samouraïs.

[arme / était / les / par / utilisée]

(2) 私たちが昨日見たのは彼女だ。

C'est ＿＿＿ ＿＿＿ ＿＿＿ ＿＿＿ ＿＿＿ hier.

[avons / elle / nous / que / vue]

(3) 信じていただかなくても結構です。

Vous ＿＿＿ ＿＿＿ ＿＿＿ ＿＿＿ ＿＿＿ me croire.

[de / êtes / n' / obligé / pas]

(4) 怪我をしたのは私ではない。

Ce n'est ＿＿＿ ＿＿＿ ＿＿＿ ＿＿＿ ＿＿＿ blessé.

[ai / été / moi / pas / qui]

(5) 彼らにその機会は与えられなかった。

L'occasion ＿＿＿ ＿＿＿ ＿＿＿ ＿＿＿ ＿＿＿ donnée.

[a / été / leur / ne / pas]

❺ リスニング　文章を聞きとって下線部に語句を書き入れてください。 ♪ 2-43

(1) Ces mots ＿＿＿＿＿＿＿＿＿＿ .

(2) C'est ＿＿＿＿＿＿＿＿＿＿ je parle.

(3) Cette fille ＿＿＿＿＿＿＿＿＿＿ toute sa famille.

(4) C'est ＿＿＿＿＿＿＿＿＿＿ me voir.

(5) Le roi ＿＿＿＿＿＿＿＿＿＿ son beau-frère.

コラム　e はどう読む？ 開音節と閉音節

単語の綴りは、それぞれ一つの母音を含む音節に区切ることができます。子音がふたつ以上続いているときはその間で区切ります（例：bon-jour, pois-son）。ただし ch, gn, ph, th などの複子音字は 1 字として扱い、その間では区切りません（例：mon-ta-gne）。また子音字 + l, r もその間では区切りません（例：a-dres-se、ただし ll, rr, nl, nr の場合は区切ります）。こうして区切ったとき、音節が e で終わっているときは（開音節と呼びます）その e は無音または弱いウで発音します。そして子音字で終わっているときは（閉音節）「エ」の音で発音するのです。練習に repas / dessert / menu をそれぞれ音節で区切ってみましょう！ この規則の理解と正しい発音が結びつけば、appeler の活用のどこで l を重ねるかといった綴りを間違うこともありません。

Leçon 17

文 法

♪ 17-1 現在分詞

2-44

形容詞的に名詞を修飾しながら、動詞的に目的語をとることができます。性数による変化はありません。

・現在分詞 直説法 1 人称複数（nous）の語幹 + -ant

不定詞	現在分詞
chanter	chantant [← nous chantons]
finir	finissant [← nous finissons]
faire	faisant [← nous faisons]

* 活用語尾の -ons を -ant に変えると考えてください。

*faisons の発音例外もそのままです。

例外 être : étant、avoir : ayant、savoir : sachant

Il y a une longue queue de gens cherchant un emploi.　職を求める人々の長い列がある。

* 関係節で言い換えることができます。

→ Il y a une longue queue de gens qui cherchent un emploi.

* 現在分詞の複合形〈étant または ayant ＋ 過去分詞〉は完了したことがらを指します。

Elle range les objets ayant appartenu à son père.　彼女は父親のものだった物を片づけている。

* 現在分詞は一般的に名詞の後ろに直接置かれます。文頭あるいは文末で主語の様態を示すこともありますが、やや文語的な用法です（口語では一般的にジェロンディフを用います ➔ Leçon 17-2）

Étant malade, je n'ai pu être présent à ses obsèques.　病気のため、私は彼（女）の葬儀に出席できなかった。

♪ 17-2 ジェロンディフ

2-45

同時性や因果関係を示す副詞句になり、述語動詞を修飾します。意味上の主語は原則として文の主語と同じです。

・ジェロンディフ〈en + 現在分詞〉同時性を基本として、さまざまな意味を表します。

同時性　～しながら

Elle est rentrée en pleurant.　彼女は泣きながら帰ってきた。

手段・方法　～することで

Il gagne sa vie en travaillant dans un restaurant.　彼はレストランで働いて生計を立てている。

原因・理由　～して

J'ai pris froid en marchant sous la pluie.　雨の中を歩いて風邪をひいた。

対立　～しているのに　*〈tout en + 現在分詞〉の形がよく用いられます。

Il se taisait tout en sachant la vérité.　彼は真実を知っていながら黙っていた。

条件・仮定　～すれば

En prenant cette route, vous pourrez admirer un paysage magnifique.
この道を行けば素晴らしい景色が見られますよ。

* 直前の名詞にかかる現在分詞と、文の主語を意味上の主語とするジェロンディフで、意味が異なる場合に注意しましょう。

J'ai rencontré mon professeur descendant du bus.　私はバスから降りてくる先生に会った。

J'ai rencontré mon professeur en descendant du bus.　私はバスから降りるときに先生に会った。

Leçon 17

現在分詞、ジェロンディフ

語　彙

2-46

・–ment で終わる副詞の作り方

〈形容詞の女性形 + ment〉

lent, *e*	遅い	→ **lentement**	ゆっくり
seul, *e*	一人で、単独で	→ **seulement**	ただ～だけ
tel, *le*	このような、そのような	→ **tellement**	それほど、とても
certain, *e*	確かな	→ **certainement**	確実に
compl*et*, *ète*	完全な、満員の	→ **complètement**	完全に
direct, *e*	直接の	→ **directement**	直接に
dou*x*, *ce*	甘い、やさしい	→ **doucement**	やさしく
heureu*x*, *se*	幸福な	→ **heureusement**	しあわせに

＊例外

vrai, *e*	本当の	→ **vraiment**	本当に
absolu, *e*	絶対の	→ **absolument**	絶対に
évident, *e*	明らかな	→ **évidemment**	当然、もちろん

表　現

2-47

・知覚動詞

voir「見える」、regarder「見る」、entendre「聞こえる」、écouter「聴く」、sentir「感じる」などを使って「～が…するのを見る（聞く、感じる）」などをあらわすことができます。

語順は原則として〈主語＋知覚動詞＋直接目的語（不定詞の意味上の主語）＋不定詞〉です。

J'entends Frédéric jouer du piano.　フレデリックがピアノを弾いているのが聞こえる。

J'ai vu ma sœur pleurer dans sa chambre.　姉(妹)が部屋で泣いているのを見た。

＊不定詞の代わりに関係代名詞 qui ➔ Leçon 14-1 や現在分詞を用いることも可能です。

J'entends Frédéric qui joue du piano.

J'ai vu ma sœur pleurant dans sa chambre.

Leçon 17

問　題

❶ [　] 内の動詞を現在分詞またはその複合形にして、日本語に対応する文を作ってください。

(1) 日本語が話せるガイドを探しています。

Je cherche un guide (　　　　　) japonais. [parler]

(2) 海に面している席を予約した。

J'ai réservé une table (　　　　　) sur la mer. [donner]

(3) 彼のことをおぼえている人々はいるだろうか？

Y a-t-il des gens (　　　　　) de lui ? [se souvenir]

(4) 1984 年にゴンクール賞を受賞した小説『愛人』を書いたのは誰ですか？

Qui a écrit *L'Amant*, roman (　　　　　) le prix Goncourt en 1984 ? [obtenir]

(5) 外国に出発した生徒たちに連絡をとるつもりです。

Je prendrai contact avec les étudiant (　　　　　) à l'étranger. [partir]

❷ [　] 内の動詞をジェロンディフにして、日本語に対応する文を作ってください。

(1) 私の助言に従えば、あなたは成功するでしょう。

(　　　　　) mes conseils, vous réussirez. [suivre]

(2) 彼女はパリで働きながらフランス語を身につけた。

Elle a appris le français (　　　　　) à Paris. [travailler]

(3) 朝、彼は新聞を読みながら朝食をとる。

Le matin, il prend son petit déjeuner (　　　　　) le journal. [lire]

(4) 私たちはすれ違いざまにあいさつをした。

Nous avons salué (　　　　　). [se croiser]

(5) 振り向くと、微笑んでいる母がいた。

(　　　　　), j'ai vu ma mère qui souriait. [se retourner]

❸ [　] 内の語をすべて用いて、日本語に対応する文を作ってください。

(1) 彼は空港まで迎えに来て私たちを驚かせた。

Il nous a surpris ________ ________ ________ ________ ________ l'aéroport.

[à / en / chercher / nous / venant]

(2) 子どもの頃のことを思い出して涙が止まらなかった。

Je n'ai pas pu retenir mes larmes ________ ________ ________ ________ ________ enfance.

[de / en / me / mon / souvenant]

(3) その日私は、体の調子が良くないと感じながら起きた。

Je me suis levé ce jour-là ________ ________ ________ ________ ________ bien.

[en / me / ne / pas / sentant]

(4) 私は地下鉄の終電が到着するのを見て走った。

J'ai couru ________ ________ ________ ________ ________ métro.

[arriver / dernier / en / le / voyant]

(5) 一時間早く着いたので、シャワーを浴びることができた。

________ ________ ________ ________ ________ avance, j'ai pu prendre une douche.

[arrivé / en / étant / heure / une]

❹ リスニング　文章を聞きとって下線部に語句を書き入れてください。 ♪ 2-48

(1) Frappez ________________ .

(2) Je te téléphonerai ________________ à la gare.

(3) Ils ne se sont pas regardés ________________________ .

(4) ________________ ses devoirs, il est sorti.

(5) Je l'ai ________________________ toute seule.

コラム　現在分詞と動詞由来の形容詞

形容詞のなかには、動詞の現在分詞が完全に形容詞化したものがあります。amusant, *e*「楽しい」(← amuser「楽しませる」)、charmant, *e*「魅力的な」(← charmer「魅了する」)、étonnant, *e*「驚くべき」(← étonner「驚かせる」)、suivant, *e*「次の」(← suivre「～に続く」)、vivant, *e*「生き生きとした」(← vivre「生きる」) などがそうです。形は現在分詞と同じですが、あくまでも形容詞なので性数一致することに気をつけましょう。

Leçon 18

文　法

♪ 2-49 18-1　条件法現在　条件法は事柄を仮定的・非現実的なものとして表します。

語幹は直説法単純未来 ➔ Leçon13-1 と同じです。例外はありません。

chanter			
je	chanterais	nous	chanterions
tu	chanterais	vous	chanteriez
il	chanterait	ils	chanteraient

・活用語尾は〈r + 直説法半過去の語尾〉です。

・非現実的な事柄、想像上の事柄を表す。➔ 右ページ「表現」

・断定を避ける。　要求や依頼、質問などの語調を和らげます。

Je voudrais vous demander un petit service.　ちょっとお願いしたことがあるのですが。

・条件法過去　〈être または avoir の条件法現在 + 過去分詞〉

* 過去の事実に反する仮定の帰結に用いる ➔ 右ページ「表現」

18-2　接続法現在　主に que で導かれる従属節（➔ Leçon 12-3）で用いられます。

語幹は je, tu, il, ils では直説法現在の ils の語幹、nous, vous では直説法現在の nous の語幹と同じになります。したがって e-es-e 型動詞（第 1 群規則動詞、cocos 動詞）、第 2 群規則動詞では接続法現在の語幹は単一です。

♪ 2-50 2-51

chanter			
je	chante	nous	chantions
tu	chantes	vous	chantiez
il	chante	ils	chantent

finir			
je	finisse	nous	finissions
tu	finisses	vous	finissiez
il	finisse	ils	finissent

・e-es-e 型動詞では je, tu, il, ils は直説法現在、nous, vous は直説法半過去と同じ活用になります。

・特殊な語幹を取る動詞（下線部が語幹）

① すべての人称で共通の特殊な語幹をとるもの

faire (je fasse)、pouvoir (je puisse)、savoir (je sache)

② je, tu, il, ils のみ特殊な語幹をとり、nous, vous は規則どおりのもの

aller (j'aille, nous allions)、vouloir (je veuille, nous voulions) 、valoir (je vaille, nous valions)

③ 語尾も含めて変則的なもの

♪ 2-52 2-53

être			
je	sois	nous	soyons
tu	sois	vous	soyez
il	soit	ils	soient

avoir			
j'aie		nous	ayons
tu	aies	vous	ayez
il	ait	ils	aient

*〈être または avoir の接続法現在 + 過去分詞〉で「接続法過去」となり、完了した行為を表します。

➔ 右ページ「表現」

表　現

・条件法を要求する表現

条件：〈si + 直説法半過去〉（現在・未来の事実に反する仮定）

帰結：条件法現在

Si j'étais libre maintenant, je sortirais avec vous.

もしいま暇だったら（＝本当は暇ではない：現在の事実に反する仮定）、きみたちと出かけるんだけど。

*「条件法」という名称ですが、結論を表わす部分（帰結節）で用いられることに注意してください。

条件：〈si + 直説法大過去〉（過去の事実に反する仮定）

帰結：条件法過去

Si j'avais été libre hier, je serais sorti avec vous.

もし昨日暇だったら（＝本当は暇ではなかった：過去の事実に反する仮定）、きみたちと出かけたんだけど。

〈si + 直説法半過去／直説法大過去〉以外にも仮定を表す副詞句の帰結として条件法が用いられます。

Avec plus d'efforts, elle réussirait.　もっと努力をすれば、彼女は成功するだろうに。

À sa place, je n'aurais pas fait la même erreur.　彼（女）の立場にいたとしても、僕は同じミスはしなかっただろう。

・接続法を要求する表現

主節が願望や義務、確実性の欠如、感情を表す表現の従属節

Il faut que vous veniez tout de suite.　あなたは直ちに来なければなりません。

Il est possible qu'elle soit malade.　彼女は病気かもしれない。

Je suis désolé que tu aies raté le train.　きみが電車に乗りそこねたとは残念だ。

条件などを表す副詞節

Il viendra avant qu'il fasse nuit.　夜になる前に彼は来るでしょう。

* Il viendra avant qu'il ne fasse nuit. のように「虚辞の ne」と呼ばれる ne (n') が入ることがあります。

接続法を要求する表現

avant que　…する前に　　en attendant que　…するまでの間

afin que, pour que　…するために

bien que, quoique, malgré que　…にもかかわらず　　など

Leçon 18

問　題

❶ [　] 内の動詞を条件法現在形に活用して、日本語に対応する文を作ってください。

(1) もし世界のどこででも生活できるなら、どこに住みますか？

Si vous pouviez vivre n'importe où dans le monde, où (　　　　　)-vous ?　[habiter]

(2) この急ぎの仕事がなければ、一緒に食事に行くのだが。

Sans ce travail urgent, nous (　　　　　) dîner ensemble.　[aller]

(3) シングルルームを 2 泊予約したいのですが。

J' (　　　　　) réserver une chambre simple pour deux nuits.　[aimer]

(4) もし父に時間があれば、あなたに会いに来るのですが。

Si mon père avait le temps, il (　　　　　) vous voir.　[venir]

(5) 私の助けがなければ、彼らはそこから生きて出られないだろう。

Sans mon aide, ils ne (　　　　　) pas sortir de là vivants.　[pouvoir]

❷ [　] 内の動詞を接続法現在形に活用して、日本語に対応する文を作ってください。

(1) 君は仕事に行かなければいけない。

Il faut que tu (　　　　　) travailler.　[aller]

(2) あなたが正しいとは思わない。

Je ne pense pas que vous (　　　　　) raison.　[avoir]

(3) 先生は私たちが一緒にこの問題について話すことを望んでいる。

Notre maître veut que nous (　　　　　) ensemble de ce problème.　[parler]

(4) 彼らが互いに理解しあうのは不可能だ。

Il est impossible qu'ils (　　　　　).　[se comprendre]

(5) 雨が降っているのに彼らは出かけた。

Ils sont sortis bien qu'il (　　　　　).　[pleuvoir]

❸ [　] 内の動詞を必要に応じて直説法現在形または接続法現在形に活用させてください。

(1) Je suis heureux qu'ils (　　　　　) là.　[être]

(2) Il faut que nous (　　　　　) attention.　[faire]

(3) J'irai vous voir avant que vous (　　　　　).　[partir]

(4) Nous souhaitons que tu (　　　　　) trouver ta voie.　[pouvoir]

(5) On dirait qu'il (　　　　　) pleuvoir.　[aller]

❹ [　] 内の語をすべて用いて、日本語に対応する文を作ってください。

(1) 私たちの課題を終えなくてはいけない。

________ ________ ________ ________ ________ nos devoirs.

[il / faut / finissions / nous / que]

(2) 彼女は私に家に来て欲しがっている。

Elle ________ ________ ________ ________ ________ elle.

[chez / je / que / veut / vienne]

(3) もう一度始めるとしても、私は同じ選択をするだろう。

Si je devais le recommencer, ________ ________ ________ ________ ________ .

[choix / ferais / je / le / même]

(4) 席を代わっていただけませんか？

Vous ________ ________ ________ ________ ________ place, s'il vous plaît ?

[changer / de / ne / pas / voudriez]

(5) きみが私に会いに来ないのは残念だ。

Il est regrettable que ________ ________ ________ ________ ________ voir.

[me / ne / pas / tu / viennes]

❺ リスニング　文章を聞きとって下線部に語句を書き入れてください。 ♪ 2-56

(1) À votre place, ______________________________ la vérité.

(2) Je souhaite qu'il ______________________________ .

(3) Il faut que ____________________ un taxi.

(4) Si ce sac coûtait moins cher, ______________________________ .

(5) J' ______________________________ ce film.

コラム　その他の時制

この教科書では扱いませんが、動詞の活用にはこのほか直説法単純過去と接続法半過去があります。どちらも主に書き言葉で用いられ、直説法単純過去は過去の出来事を表し、接続法半過去は接続法を要求する主節の動詞が過去時制のときに従属節で用いられます。どちらも活用を無理におぼえる必要はありません。日本語でも「読めるけど書けない漢字」があるように、出てきたときにそれとわかれば十分ですし、見慣れない活用形が出てきたときには活用表で調べるというのは、これらの活用に限ったことではありません。習うより慣れろの気持ちでフランス語に触れていってください！ C'est en forgeant qu'on devient forgeron. (proverbe) ; C'est en lisant qu'on devient liseron. (Raymond Queneau)

動詞活用表

I. aimer
II. arriver
III. être aimé(e)(s)
IV. se lever

1. avoir
2. être
3. parler
4. placer
5. manger
6. acheter
7. appeler
8. préférer
9. employer
10. envoyer
11. aller
12. finir
13. partir
14. courir
15. fuir
16. mourir
17. venir
18. ouvrir
19. rendre
20. mettre
21. battre
22. suivre
23. vivre
24. écrire
25. connaître
26. naître
27. conduire
28. suffire
29. lire
30. plaire
31. dire
32. faire
33. rire
34. croire
35. craindre
36. prendre
37. boire
38. voir
39. asseoir
40. recevoir
41. devoir
42. pouvoir
43. vouloir
44. savoir
45. valoir
46. falloir
47. pleuvoir

不定形・分詞形	直説法		
	現在	半過去	単純過去
I. aimer	j' aime	j' aimais	j' aimai
aimant	tu aimes	tu aimais	tu aimas
aimé	il aime	il aimait	il aima
ayant aimé	nous aimons	nous aimions	nous aimâmes
(助動詞 avoir)	vous aimez	vous aimiez	vous aimâtes
	ils aiment	ils aimaient	ils aimèrent
命令法	複合過去	大過去	前過去
	j' ai aimé	j' avais aimé	j' eus aimé
aime	tu as aimé	tu avais aimé	tu eus aimé
	il a aimé	il avait aimé	il eut aimé
aimons	nous avons aimé	nous avions aimé	nous eûmes aimé
aimez	vous avez aimé	vous aviez aimé	vous eûtes aimé
	ils ont aimé	ils avaient aimé	ils eurent aimé
	複合過去	大過去	前過去
II. arriver	je suis arrivé(e)	j' étais arrivé(e)	je fus arrivé(e)
	tu es arrivé(e)	tu étais arrivé(e)	tu fus arrivé(e)
arrivant	il est arrivé	il était arrivé	il fut arrivé
arrivé	elle est arrivée	elle était arrivée	elle fut arrivée
étant arrivé(e)(s)	nous sommes arrivé(e)s	nous étions arrivé(e)s	nous fûmes arrivé(e)s
	vous êtes arrivé(e)(s)	vous étiez arrivé(e)(s)	vous fûtes arrivé(e)(s)
(助動詞 être)	ils sont arrivés	ils étaient arrivés	ils furent arrivés
	elles sont arrivées	elles étaient arrivées	elles furent arrivées
	現在	半過去	単純過去
III. être aimé(e)(s)	je suis aimé(e)	j' étais aimé(e)	je fus aimé(e)
	tu es aimé(e)	tu étais aimé(e)	tu fus aimé(e)
受動態	il est aimé	il était aimé	il fut aimé
	elle est aimée	elle était aimée	elle fut aimée
étant aimé(e)(s)	n. sommes aimé(e)s	n. étions aimé(e)s	n. fûmes aimé(e)s
ayant été aimé(e)(s)	v. êtes aimé(e)(s)	v. étiez aimé(e)(s)	v. fûtes aimé(e)(s)
	ils sont aimés	ils étaient aimés	ils furent aimés
	elles sont aimées	elles étaient aimées	elles furent aimées
命令法	複合過去	大過去	前過去
	j' ai été aimé(e)	j' avais été aimé(e)	j' eus été aimé(e)
sois aimé(e)	tu as été aimé(e)	tu avais été aimé(e)	tu eus été aimé(e)
	il a été aimé	il avait été aimé	il eut été aimé
soyons aimé(e)s	elle a été aimée	elle avait été aimée	elle eut été aimée
soyez aimé(e)(s)	n. avons été aimé(e)s	n. avions été aimé(e)s	n. eûmes été aimé(e)s
	v. avez été aimé(e)(s)	v. aviez été aimé(e)(s)	v. eûtes été aimé(e)(s)
	ils ont été aimés	ils avaient été aimés	ils eurent été aimés
	elles ont été aimées	elles avaient été aimées	elles eurent été aimées
	現在	半過去	単純過去
IV. se lever	je me lève	je me levais	je me levai
	tu te lèves	tu te levais	tu te levas
代名動詞	il se lève	il se levait	il se leva
se levant	n. n. levons	n. n. levions	n. n. levâmes
s'étant levé(e)(s)	v. v. levez	v. v. leviez	v. v. levâtes
	ils se lèvent	ils se levaient	ils se levèrent
命令法	複合過去	大過去	前過去
	je me suis levé(e)	je m' étais levé(e)	je me fus levé(e)
lève-toi	tu t' es levé(e)	tu t' étais levé(e)	tu te fus levé(e)
	il s' est levé	il s' était levé	il se fut levé
levons-nous	elle s' est levée	elle s' était levée	elle se fut levée
levez-vous	n. n. sommes levé(e)s	n. n. étions levé(e)s	n. n. fûmes levé(e)s
	v. v. êtes levé(e)(s)	v. v. étiez levé(e)(s)	v. v. fûtes levé(e)(s)
	ils se sont levés	ils s' étaient levés	ils se furent levés
	elles se sont levées	elles s' étaient levées	elles se furent levées

直説法	条件法	接続法	
単純未来 j' aimerai tu aimeras il aimera nous aimerons vous aimerez ils aimeront	現在 j' aimerais tu aimerais il aimerait nous aimerions vous aimeriez ils aimeraient	現在 j' aime tu aimes il aime nous aimions vous aimiez ils aiment	半過去 j' aimasse tu aimasses il aimât nous aimassions vous aimassiez ils aimassent
前未来 j' aurai aimé tu auras aimé il aura aimé nous aurons aimé vous aurez aimé ils auront aimé	過去 j' aurais aimé tu aurais aimé il aurait aimé nous aurions aimé vous auriez aimé ils auraient aimé	過去 j' aie aimé tu aies aimé il ait aimé nous ayons aimé vous ayez aimé ils aient aimé	大過去 j' eusse aimé tu eusses aimé il eût aimé nous eussions aimé vous eussiez aimé ils eussent aimé
前未来 je serai arrivé(e) tu seras arrivé(e) il sera arrivé elle sera arrivée nous serons arrivé(e)s vous serez arrivé(e)(s) ils seront arrivés elles seront arrivées	過去 je serais arrivé(e) tu serais arrivé(e) il serait arrivé elle serait arrivée nous serions arrivé(e)s vous seriez arrivé(e)(s) ils seraient arrivés elles seraient arrivées	過去 je sois arrivé(e) tu sois arrivé(e) il soit arrivé elle soit arrivée nous soyons arrivé(e)s vous soyez arrivé(e)(s) ils soient arrivés elles soient arrivées	大過去 je fusse arrivé(e) tu fusses arrivé(e) il fût arrivé elle fût arrivée nous fussions arrivé(e)s vous fussiez arrivé(e)(s) ils fussent arrivés elles fussent arrivées
単純未来 je serai aimé(e) tu seras aimé(e) il sera aimé elle sera aimée n. serons aimé(e)s v. serez aimé(e)(s) ils seront aimés elles seront aimées	現在 je serais aimé(e) tu serais aimé(e) il serait aimé elle serait aimée n. serions aimé(e)s v. seriez aimé(e)(s) ils seraient aimés elles seraient aimées	現在 je sois aimé(e) tu sois aimé(e) il soit aimé elle soit aimée n. soyons aimé(e)s v. soyez aimé(e)(s) ils soient aimés elles soient aimées	半過去 je fusse aimé(e) tu fusses aimé(e) il fût aimé elle fût aimée n. fussions aimé(e)s v. fussiez aimé(e)(s) ils fussent aimés elles fussent aimées
前未来 j' aurai été aimé(e) tu auras été aimé(e) il aura été aimé elle aura été aimée n. aurons été aimé(e)s v. aurez été aimé(e)(s) ils auront été aimés elles auront été aimées	過去 j' aurais été aimé(e) tu aurais été aimé(e) il aurait été aimé elle aurait été aimée n. aurions été aimé(e)s v. auriez été aimé(e)(s) ils auraient été aimés elles auraient été aimées	過去 j' aie été aimé(e) tu aies été aimé(e) il ait été aimé elle ait été aimée n. ayons été aimé(e)s v. ayez été aimé(e)(s) ils aient été aimés elles aient été aimées	大過去 j' eusse été aimé(e) tu eusses été aimé(e) il eût été aimé elle eût été aimée n. eussions été aimé(e)s v. eussiez été aimé(e)(s) ils eussent été aimés elles eussent été aimées
単純未来 je me lèverai tu te lèveras il se lèvera n. n. lèverons v. v. lèverez ils se lèveront	現在 je me lèverais tu te lèverais il se lèverait n. n. lèverions v. v. lèveriez ils se lèveraient	現在 je me lève tu te lèves il se lève n. n. levions v. v. leviez ils se lèvent	半過去 je me levasse tu te levasses il se levât n. n. levassions v. v. levassiez ils se levassent
前未来 je me serai levé(e) tu te seras levé(e) il se sera levé elle se sera levée n. n. serons levé(e)s v. v. serez levé(e)(s) ils se seront levés elles se seront levées	過去 je me serais levé(e) tu te serais levé(e) il se serait levé elle se serait levée n. n. serions levé(e)s v. v. seriez levé(e)(s) ils se seraient levés elles se seraient levées	過去 je me sois levé(e) tu te sois levé(e) il se soit levé elle se soit levée n. n. soyons levé(e)s v. v. soyez levé(e)(s) ils se soient levés elles se soient levées	大過去 je me fusse levé(e) tu te fusses levé(e) il se fût levé elle se fût levée n. n. fussions levé(e)s v. v. fussiez levé(e)(s) ils se fussent levés elles se fussent levées

不定形 分詞形	直説法			
	現在	半過去	単純過去	単純未来
1. avoir もつ ayant eu [y]	j’ ai tu as il a n. avons v. avez ils ont	j’ avais tu avais il avait n. avions v. aviez ils avaient	j’ eus [y] tu eus il eut n. eûmes v. eûtes ils eurent	j’ aurai tu auras il aura n. aurons v. aurez ils auront
2. être 在る étant été	je suis tu es il est n. sommes v. êtes ils sont	j’ étais tu étais il était n. étions v. étiez ils étaient	je fus tu fus il fut n. fûmes v. fûtes ils furent	je serai tu seras il sera n. serons v. serez ils seront
3. parler 話す parlant parlé	je parle tu parles il parle n. parlons v. parlez ils parlent	je parlais tu parlais il parlait n. parlions v. parliez ils parlaient	je parlai tu parlas il parla n. parlâmes v. parlâtes ils parlèrent	je parlerai tu parleras il parlera n. parlerons v. parlerez ils parleront
4. placer 置く plaçant placé	je place tu places il place n. plaçons v. placez ils placent	je plaçais tu plaçais il plaçait n. placions v. placiez ils plaçaient	je plaçai tu plaças il plaça n. plaçâmes v. plaçâtes ils placèrent	je placerai tu placeras il placera n. placerons v. placerez ils placeront
5. manger 食べる mangeant mangé	je mange tu manges il mange n. mangeons v. mangez ils mangent	je mangeais tu mangeais il mangeait n. mangions v. mangiez ils mangeaient	je mangeai tu mangeas il mangea n. mangeâmes v. mangeâtes ils mangèrent	je mangerai tu mangeras il mangera n. mangerons v. mangerez ils mangeront
6. acheter 買う achetant acheté	j’ achète tu achètes il achète n. achetons v. achetez ils achètent	j’ achetais tu achetais il achetait n. achetions v. achetiez ils achetaient	j’ achetai tu achetas il acheta n. achetâmes v. achetâtes ils achetèrent	j’ achèterai tu achèteras il achètera n. achèterons v. achèterez ils achèteront
7. appeler 呼ぶ appelant appelé	j’ appelle tu appelles il appelle n. appelons v. appelez ils appellent	j’ appelais tu appelais il appelait n. appelions v. appeliez ils appelaient	j’ appelai tu appelas il appela n. appelâmes v. appelâtes ils appelèrent	j’ appellerai tu appelleras il appellera n. appellerons v. appellerez ils appelleront
8. préférer より好む préférant préféré	je préfère tu préfères il préfère n. préférons v. préférez ils préfèrent	je préférais tu préférais il préférait n. préférions v. préfériez ils préféraient	je préférai tu préféras il préféra n. préférâmes v. préférâtes ils préférèrent	je préférerai tu préféreras il préférera n. préférerons v. préférerez ils préféreront

条件法	接続法		命令法	同型活用の動詞 (注意)
現在	現在	半過去	現在	
j' aurais tu aurais il aurait n. aurions v. auriez ils auraient	j' aie tu aies il ait n. ayons v. ayez ils aient	j' eusse tu eusses il eût n. eussions v. eussiez ils eussent	aie ayons ayez	
je serais tu serais il serait n. serions v. seriez ils seraient	je sois tu sois il soit n. soyons v. soyez ils soient	je fusse tu fusses il fût n. fussions v. fussiez ils fussent	sois soyons soyez	
je parlerais tu parlerais il parlerait n. parlerions v. parleriez ils parleraient	je parle tu parles il parle n. parlions v. parliez ils parlent	je parlasse tu parlasses il parlât n. parlassions v. parlassiez ils parlassent	parle parlons parlez	第 1 群規則動詞 (4 型～ 10 型をのぞく)
je placerais tu placerais il placerait n. placerions v. placeriez ils placeraient	je place tu places il place n. placions v. placiez ils placent	je plaçasse tu plaçasses il plaçât n. plaçassions v. plaçassiez ils plaçassent	place plaçons placez	—cer の動詞 annoncer, avancer, commencer, effacer, renoncer など. (a, o の前で c → ç)
je mangerais tu mangerais il mangerait n. mangerions v. mangeriez ils mangeraient	je mange tu manges il mange n. mangions v. mangiez ils mangent	je mangeasse tu mangeasses il mangeât n. mangeassions v. mangeassiez ils mangeassent	mange mangeons mangez	—ger の動詞 arranger, changer, charger, engager, nager, obliger など. (a, o の前で g → ge)
j' achèterais tu achèterais il achèterait n. achèterions v. achèteriez ils achèteraient	j' achète tu achètes il achète n. achetions v. achetiez ils achètent	j' achetasse tu achetasses il achetât n. achetassions v. achetassiez ils achetassent	achète achetons achetez	—e + 子音 + er の動詞 achever, lever, mener など. (7 型をのぞく. e muet を含む音節の前で e → è)
j' appellerais tu appellerais il appellerait n. appellerions v. appelleriez ils appelleraient	j' appelle tu appelles il appelle n. appelions v. appeliez ils appellent	j' appelasse tu appelasses il appelât n. appelassions v. appelassiez ils appelassent	appelle appelons appelez	—eter, —eler の動詞 jeter, rappeler など. (6 型のものもある. e muet の前で t, l を重ねる)
je préférerais tu préférerais il préférerait n. préférerions v. préféreriez ils préféreraient	je préfère tu préfères il préfère n. préférions v. préfériez ils préfèrent	je préférasse tu préférasses il préférât n. préférassions v. préférassiez ils préférassent	préfère préférons préférez	—é + 子音 + er の動詞 céder, espérer, opérer, répéter など. (e muet を含む語末音節の前で é → è)

不定形 分詞形	直説法			
	現在	半過去	単純過去	単純未来
9. employer 使う employant employé	j' emploie tu emploies il emploie n. employons v. employez ils emploient	j' employais tu employais il employait n. employions v. employiez ils employaient	j' employai tu employas il employa n. employâmes v. employâtes ils employèrent	j' emploierai tu emploieras il emploiera n. emploierons v. emploierez ils emploieront
10. envoyer 送る envoyant envoyé	j' envoie tu envoies il envoie n. envoyons v. envoyez ils envoient	j' envoyais tu envoyais il envoyait n. envoyions v. envoyiez ils envoyaient	j' envoyai tu envoyas il envoya n. envoyâmes v. envoyâtes ils envoyèrent	j' enverrai tu enverras il enverra n. enverrons v. enverrez ils enverront
11. aller 行く allant allé	je vais tu vas il va n. allons v. allez ils vont	j' allais tu allais il allait n. allions v. alliez ils allaient	j' allai tu allas il alla n. allâmes v. allâtes ils allèrent	j' irai tu iras il ira n. irons v. irez ils iront
12. finir 終える finissant fini	je finis tu finis il finit n. finissons v. finissez ils finissent	je finissais tu finissais il finissait n. finissions v. finissiez ils finissaient	je finis tu finis il finit n. finîmes v. finîtes ils finirent	je finirai tu finiras il finira n. finirons v. finirez ils finiront
13. partir 出発する partant parti	je pars tu pars il part n. partons v. partez ils partent	je partais tu partais il partait n. partions v. partiez ils partaient	je partis tu partis il partit n. partîmes v. partîtes ils partirent	je partirai tu partiras il partira n. partirons v. partirez ils partiront
14. courir 走る courant couru	je cours tu cours il court n. courons v. courez ils courent	je courais tu courais il courait n. courions v. couriez ils couraient	je courus tu courus il courut n. courûmes v. courûtes ils coururent	je courrai tu courras il courra n. courrons v. courrez ils courront
15. fuir 逃げる fuyant fui	je fuis tu fuis il fuit n. fuyons v. fuyez ils fuient	je fuyais tu fuyais il fuyait n. fuyions v. fuyiez ils fuyaient	je fuis tu fuis il fuit n. fuîmes v. fuîtes ils fuirent	je fuirai tu fuiras il fuira n. fuirons v. fuirez ils fuiront
16. mourir 死ぬ mourant mort	je meurs tu meurs il meurt n. mourons v. mourez ils meurent	je mourais tu mourais il mourait n. mourions v. mouriez ils mouraient	je mourus tu mourus il mourut n. mourûmes v. mourûtes ils moururent	je mourrai tu mourras il mourra n. mourrons v. mourrez ils mourront

条件法	接続法		命令法	同型活用の動詞 (注意)
現　在	現　在	半過去	現　在	
j' emploierais tu emploierais il emploierait n. emploierions v. emploieriez ils emploieraient	j' emploie tu emploies il emploie n. employions v. employiez ils emploient	j' employasse tu employasses il employât n. employassions v. employassiez ils employassent	emploie employons employez	—oyer, —uyer, —ayer の動詞 (e muet の前で y → i. —ayer は 3 型でもよい. また envoyer → 10)
j' enverrais tu enverrais il enverrait n. enverrions v. enverriez ils enverraient	j' envoie tu envoies il envoie n. envoyions v. envoyiez ils envoient	j' envoyasse tu envoyasses il envoyât n. envoyassions v. envoyassiez ils envoyassent	envoie envoyons envoyez	renvoyer (未来, 条・現のみ 9 型とことなる)
j' irais tu irais il irait n. irions v. iriez ils iraient	j' aille tu ailles il aille n. allions v. alliez ils aillent	j' allasse tu allasses il allât n. allassions v. allassiez ils allassent	va allons allez	
je finirais tu finirais il finirait n. finirions v. finiriez ils finiraient	je finisse tu finisses il finisse n. finissions v. finissiez ils finissent	je finisse tu finisses il finît n. finissions v. finissiez ils finissent	finis finissons finissez	第 2 群規則動詞
je partirais tu partirais il partirait n. partirions v. partiriez ils partiraient	je parte tu partes il parte n. partions v. partiez ils partent	je partisse tu partisses il partît n. partissions v. partissiez ils partissent	pars partons partez	dormir, endormir, se repentir, sentir, servir, sortir
je courrais tu courrais il courrait n. courrions v. courriez ils courraient	je coure tu coures il coure n. courions v. couriez ils courent	je courusse tu courusses il courût n. courussions v. courussiez ils courussent	cours courons courez	accourir, parcourir, secourir
je fuirais tu fuirais il fuirait n. fuirions v. fuiriez ils fuiraient	je fuie tu fuies il fuie n. fuyions v. fuyiez ils fuient	je fuisse tu fuisses il fuît n. fuissions v. fuissiez ils fuissent	fuis fuyons fuyez	s'enfuir
je mourrais tu mourrais il mourrait n. mourrions v. mourriez ils mourraient	je meure tu meures il meure n. mourions v. mouriez ils meurent	je mourusse tu mourusses il mourût n. mourussions v. mourussiez ils mourussent	meurs mourons mourez	

不　定　形 分　詞　形	直説法			
	現　在	半　過　去	単純過去	単純未来
17. venir 来る venant venu	je viens tu viens il vient n. venons v. venez ils viennent	je venais tu venais il venait n. venions v. veniez ils venaient	je vins tu vins il vint n. vînmes v. vîntes ils vinrent	je viendrai tu viendras il viendra n. viendrons v. viendrez ils viendront
18. ouvrir あける ouvrant ouvert	j' ouvre tu ouvres il ouvre n. ouvrons v. ouvrez ils ouvrent	j' ouvrais tu ouvrais il ouvrait n. ouvrions v. ouvriez ils ouvraient	j' ouvris tu ouvris il ouvrit n. ouvrîmes v. ouvrîtes ils ouvrirent	j' ouvrirai tu ouvriras il ouvrira n. ouvrirons v. ouvrirez ils ouvriront
19. rendre 返す rendant rendu	je rends tu rends il rend n. rendons v. rendez ils rendent	je rendais tu rendais il rendait n. rendions v. rendiez ils rendaient	je rendis tu rendis il rendit n. rendîmes v. rendîtes ils rendirent	je rendrai tu rendras il rendra n. rendrons v. rendrez ils rendront
20. mettre 置く mettant mis	je mets tu mets il met n. mettons v. mettez ils mettent	je mettais tu mettais il mettait n. mettions v. mettiez ils mettaient	je mis tu mis il mit n. mîmes v. mîtes ils mirent	je mettrai tu mettras il mettra n. mettrons v. mettrez ils mettront
21. battre 打つ battant battu	je bats tu bats il bat n. battons v. battez ils battent	je battais tu battais il battait n. battions v. battiez ils battaient	je battis tu battis il battit n. battîmes v. battîtes ils battirent	je battrai tu battras il battra n. battrons v. battrez ils battront
22. suivre ついて行く suivant suivi	je suis tu suis il suit n. suivons v. suivez ils suivent	je suivais tu suivais il suivait n. suivions v. suiviez ils suivaient	je suivis tu suivis il suivit n. suivîmes v. suivîtes ils suivirent	je suivrai tu suivras il suivra n. suivrons v. suivrez ils suivront
23. vivre 生きる vivant vécu	je vis tu vis il vit n. vivons v. vivez ils vivent	je vivais tu vivais il vivait n. vivions v. viviez ils vivaient	je vécus tu vécus il vécut n. vécûmes v. vécûtes ils vécurent	je vivrai tu vivras il vivra n. vivrons v. vivrez ils vivront
24. écrire 書く écrivant écrit	j' écris tu écris il écrit n. écrivons v. écrivez ils écrivent	j' écrivais tu écrivais il écrivait n. écrivions v. écriviez ils écrivaient	j' écrivis tu écrivis il écrivit n. écrivîmes v. écrivîtes ils écrivirent	j' écrirai tu écriras il écrira n. écrirons v. écrirez ils écriront

条件法	接続法		命令法	同型活用の動詞（注意）
現在	現在	半過去	現在	
je viendrais	je vienne	je vinsse		convenir, devenir, provenir, revenir, se souvenir ; tenir, appartenir, maintenir, obtenir, retenir, soutenir
tu viendrais	tu viennes	tu vinsses	viens	
il viendrait	il vienne	il vînt		
n. viendrions	n. venions	n. vinssions	venons	
v. viendriez	v. veniez	v. vinssiez	venez	
ils viendraient	ils viennent	ils vinssent		
j' ouvrirais	j' ouvre	j' ouvrisse		couvrir, découvrir, offrir, souffrir
tu ouvrirais	tu ouvres	tu ouvrisses	ouvre	
il ouvrirait	il ouvre	il ouvrît		
n. ouvririons	n. ouvrions	n. ouvrissions	ouvrons	
v. ouvririez	v. ouvriez	v. ouvrissiez	ouvrez	
ils ouvriraient	ils ouvrent	ils ouvrissent		
je rendrais	je rende	je rendisse		attendre, défendre, descendre, entendre, perdre, prétendre, répondre, tendre, vendre
tu rendrais	tu rendes	tu rendisses	rends	
il rendrait	il rende	il rendît		
n. rendrions	n. rendions	n. rendissions	rendons	
v. rendriez	v. rendiez	v. rendissiez	rendez	
ils rendraient	ils rendent	ils rendissent		
je mettrais	je mette	je misse		admettre, commettre, permettre, promettre, remettre, soumettre
tu mettrais	tu mettes	tu misses	mets	
il mettrait	il mette	il mît		
n. mettrions	n. mettions	n. missions	mettons	
v. mettriez	v. mettiez	v. missiez	mettez	
ils mettraient	ils mettent	ils missent		
je battrais	je batte	je battisse		abattre, combattre
tu battrais	tu battes	tu battisses	bats	
il battrait	il batte	il battît		
n. battrions	n. battions	n. battissions	battons	
v. battriez	v. battiez	v. battissiez	battez	
ils battraient	ils battent	ils battissent		
je suivrais	je suive	je suivisse		poursuivre
tu suivrais	tu suives	tu suivisses	suis	
il suivrait	il suive	il suivît		
n. suivrions	n. suivions	n. suivissions	suivons	
v. suivriez	v. suiviez	v. suivissiez	suivez	
ils suivraient	ils suivent	ils suivissent		
je vivrais	je vive	je vécusse		
tu vivrais	tu vives	tu vécusses	vis	
il vivrait	il vive	il vécût		
n. vivrions	n. vivions	n. vécussions	vivons	
v. vivriez	v. viviez	v. vécussiez	vivez	
ils vivraient	ils vivent	ils vécussent		
j' écrirais	j' écrive	j' écrivisse		décrire, inscrire
tu écrirais	tu écrives	tu écrivisses	écris	
il écrirait	il écrive	il écrivît		
n. écririons	n. écrivions	n. écrivissions	écrivons	
v. écririez	v. écriviez	v. écrivissiez	écrivez	
ils écriraient	ils écrivent	ils écrivissent		

不定形 分詞形	直説法			
	現在	半過去	単純過去	単純未来
25. connaître 知っている connaissant connu	je connais tu connais il connaît n. connaissons v. connaissez ils connaissent	je connaissais tu connaissais il connaissait n. connaissions v. connaissiez ils connaissaient	je connus tu connus il connut n. connûmes v. connûtes ils connurent	je connaîtrai tu connaîtras il connaîtra n. connaîtrons v. connaîtrez ils connaîtront
26. naître 生まれる naissant né	je nais tu nais il naît n. naissons v. naissez ils naissent	je naissais tu naissais il naissait n. naissions v. naissiez ils naissaient	je naquis tu naquis il naquit n. naquîmes v. naquîtes ils naquirent	je naîtrai tu naîtras il naîtra n. naîtrons v. naîtrez ils naîtront
27. conduire みちびく conduisant conduit	je conduis tu conduis il conduit n. conduisons v. conduisez ils conduisent	je conduisais tu conduisais il conduisait n. conduisions v. conduisiez ils conduisaient	je conduisis tu conduisis il conduisit n. conduisîmes v. conduisîtes ils conduisirent	je conduirai tu conduiras il conduira n. conduirons v. conduirez ils conduiront
28. suffire 足りる suffisant suffi	je suffis tu suffis il suffit n. suffisons v. suffisez ils suffisent	je suffisais tu suffisais il suffisait n. suffisions v. suffisiez ils suffisaient	je suffis tu suffis il suffit n. suffîmes v. suffîtes ils suffirent	je suffirai tu suffiras il suffira n. suffirons v. suffirez ils suffiront
29. lire 読む lisant lu	je lis tu lis il lit n. lisons v. lisez ils lisent	je lisais tu lisais il lisait n. lisions v. lisiez ils lisaient	je lus tu lus il lut n. lûmes v. lûtes ils lurent	je lirai tu liras il lira n. lirons v. lirez ils liront
30. plaire 気に入る plaisant plu	je plais tu plais il plaît n. plaisons v. plaisez ils plaisent	je plaisais tu plaisais il plaisait n. plaisions v. plaisiez ils plaisaient	je plus tu plus il plut n. plûmes v. plûtes ils plurent	je plairai tu plairas il plaira n. plairons v. plairez ils plairont
31. dire 言う disant dit	je dis tu dis il dit n. disons v. dites ils disent	je disais tu disais il disait n. disions v. disiez ils disaient	je dis tu dis il dit n. dîmes v. dîtes ils dirent	je dirai tu diras il dira n. dirons v. direz ils diront
32. faire する faisant [fzɑ̃] fait	je fais tu fais il fait n. faisons [fzɔ̃] v. faites ils font	je faisais [fzɛ] tu faisais il faisait n. faisions v. faisiez ils faisaient	je fis tu fis il fit n. fîmes v. fîtes ils firent	je ferai tu feras il fera n. ferons v. ferez ils feront

条件法	接続法		命令法	同型活用の動詞 (注意)
現在	現在	半過去	現在	
je connaîtrais tu connaîtrais il connaîtrait n. connaîtrions v. connaîtriez ils connaîtraient	je connaisse tu connaisses il connaisse n. connaissions v. connaissiez ils connaissent	je connusse tu connusses il connût n. connussions v. connussiez ils connussent	connais connaissons connaissez	reconnaître ; paraître, apparaître, disparaître (t の前で i → î)
je naîtrais tu naîtrais il naîtrait n. naîtrions v. naîtriez ils naîtraient	je naisse tu naisses il naisse n. naissions v. naissiez ils naissent	je naquisse tu naquisses il naquît n. naquissions v. naquissiez ils naquissent	nais naissons naissez	renaître (t の前で i → î)
je conduirais tu conduirais il conduirait n. conduirions v. conduiriez ils conduiraient	je conduise tu conduises il conduise n. conduisions v. conduisiez ils conduisent	je conduisisse tu conduisisses il conduisît n. conduisissions v. conduisissiez ils conduisissent	conduis conduisons conduisez	introduire, produire, traduire ; construire, détruire
je suffirais tu suffirais il suffirait n. suffirions v. suffiriez ils suffiraient	je suffise tu suffises il suffise n. suffisions v. suffisiez ils suffisent	je suffisse tu suffisses il suffît n. suffissions v. suffissiez ils suffissent	suffis suffisons suffisez	
je lirais tu lirais il lirait n. lirions v. liriez ils liraient	je lise tu lises il lise n. lisions v. lisiez ils lisent	je lusse tu lusses il lût n. lussions v. lussiez ils lussent	lis lisons lisez	élire, relire
je plairais tu plairais il plairait n. plairions v. plairiez ils plairaient	je plaise tu plaises il plaise n. plaisions v. plaisiez ils plaisent	je plusse tu plusses il plût n. plussions v. plussiez ils plussent	plais plaisons plaisez	déplaire, taire (ただし taire の直・現・ 3 人称単数 il tait)
je dirais tu dirais il dirait n. dirions v. diriez ils diraient	je dise tu dises il dise n. disions v. disiez ils disent	je disse tu disses il dît n. dissions v. dissiez ils dissent	dis disons dites	redire
je ferais tu ferais il ferait n. ferions v. feriez ils feraient	je fasse tu fasses il fasse n. fassions v. fassiez ils fassent	je fisse tu fisses il fît n. fissions v. fissiez ils fissent	fais faisons faites	défaire, refaire, satisfaire

不定形 分詞形	直説法			
	現在	半過去	単純過去	単純未来
33. rire 笑う riant ri	je ris tu ris il rit n. rions v. riez ils rient	je riais tu riais il riait n. riions v. riiez ils riaient	je ris tu ris il rit n. rîmes v. rîtes ils rirent	je rirai tu riras il rira n. rirons v. rirez ils riront
34. croire 信じる croyant cru	je crois tu crois il croit n. croyons v. croyez ils croient	je croyais tu croyais il croyait n. croyions v. croyiez ils croyaient	je crus tu crus il crut n. crûmes v. crûtes ils crurent	je croirai tu croiras il croira n. croirons v. croirez ils croiront
35. craindre おそれる craignant craint	je crains tu crains il craint n. craignons v. craignez ils craignent	je craignais tu craignais il craignait n. craignions v. craigniez ils craignaient	je craignis tu craignis il craignit n. craignîmes v. craignîtes ils craignirent	je craindrai tu craindras il craindra n. craindrons v. craindrez ils craindront
36. prendre とる prenant pris	je prends tu prends il prend n. prenons v. prenez ils prennent	je prenais tu prenais il prenait n. prenions v. preniez ils prenaient	je pris tu pris il prit n. prîmes v. prîtes ils prirent	je prendrai tu prendras il prendra n. prendrons v. prendrez ils prendront
37. boire 飲む buvant bu	je bois tu bois il boit n. buvons v. buvez ils boivent	je buvais tu buvais il buvait n. buvions v. buviez ils buvaient	je bus tu bus il but n. bûmes v. bûtes ils burent	je boirai tu boiras il boira n. boirons v. boirez ils boiront
38. voir 見る voyant vu	je vois tu vois il voit n. voyons v. voyez ils voient	je voyais tu voyais il voyait n. voyions v. voyiez ils voyaient	je vis tu vis il vit n. vîmes v. vîtes ils virent	je verrai tu verras il verra n. verrons v. verrez ils verront
39. asseoir 座らせる asseyant assoyant assis	j' assieds tu assieds il assied n. asseyons v. asseyez ils asseyent	j' asseyais tu asseyais il asseyait n. asseyions v. asseyiez ils asseyaient	j' assis tu assis il assit n. assîmes v. assîtes ils assirent	j' assiérai tu assiéras il assiéra n. assiérons v. assiérez ils assiéront
	j' assois tu assois il assoit n. assoyons v. assoyez ils assoient	j' assoyais tu assoyais il assoyait n. assoyions v. assoyiez ils assoyaient		j' assoirai tu assoiras il assoira n. assoirons v. assoirez ils assoiront

条件法	接続法		命令法	同型活用の動詞 (注意)
現在	現在	半過去	現在	
je rirais	je rie	je risse		sourire
tu rirais	tu ries	tu risses	ris	
il rirait	il rie	il rît		
n. ririons	n. riions	n. rissions	rions	
v. ririez	v. riiez	v. rissiez	riez	
ils riraient	ils rient	ils rissent		
je croirais	je croie	je crusse		
tu croirais	tu croies	tu crusses	crois	
il croirait	il croie	il crût		
n. croirions	n. croyions	n. crussions	croyons	
v. croiriez	v. croyiez	v. crussiez	croyez	
ils croiraient	ils croient	ils crussent		
je craindrais	je craigne	je craignisse		plaindre ; atteindre, éteindre, peindre; joindre, rejoindre
tu craindrais	tu craignes	tu craignisses	crains	
il craindrait	il craigne	il craignît		
n. craindrions	n. craignions	n. craignissions	craignons	
v. craindriez	v. craigniez	v. craignissiez	craignez	
ils craindraient	ils craignent	ils craignissent		
je prendrais	je prenne	je prisse		apprendre, comprendre, surprendre
tu prendrais	tu prennes	tu prisses	prends	
il prendrait	il prenne	il prît		
n. prendrions	n. prenions	n. prissions	prenons	
v. prendriez	v. preniez	v. prissiez	prenez	
ils prendraient	ils prennent	ils prissent		
je boirais	je boive	je busse		
tu boirais	tu boives	tu busses	bois	
il boirait	il boive	il bût		
n. boirions	n. buvions	n. bussions	buvons	
v. boiriez	v. buviez	v. bussiez	buvez	
ils boiraient	ils boivent	ils bussent		
je verrais	je voie	je visse		revoir
tu verrais	tu voies	tu visses	vois	
il verrait	il voie	il vît		
n. verrions	n. voyions	n. vissions	voyons	
v. verriez	v. voyiez	v. vissiez	voyez	
ils verraient	ils voient	ils vissent		
j' assiérais	j' asseye	j' assisse		(代名動詞 s'asseoir として用いられることが多い．下段は俗語調)
tu assiérais	tu asseyes	tu assisses	assieds	
il assiérait	il asseye	il assît		
n. assiérions	n. asseyions	n. assissions	asseyons	
v. assiériez	v. asseyiez	v. assissiez	asseyez	
ils assiéraient	ils asseyent	ils assissent		
j' assoirais	j' assoie			
tu assoirais	tu assoies		assois	
il assoirait	il assoie			
n. assoirions	n. assoyions		assoyons	
v. assoiriez	v. assoyiez		assoyez	
ils assoiraient	ils assoient			

不 定 形 分 詞 形	直　説　法			
	現　在	半 過 去	単 純 過 去	単 純 未 来
40. recevoir 受取る recevant reçu	je reçois tu reçois il reçoit n. recevons v. recevez ils reçoivent	je recevais tu recevais il recevait n. recevions v. receviez ils recevaient	je reçus tu reçus il reçut n. reçûmes v. reçûtes ils reçurent	je recevrai tu recevras il recevra n. recevrons v. recevrez ils recevront
41. devoir ねばならぬ devant dû, due dus, dues	je dois tu dois il doit n. devons v. devez ils doivent	je devais tu devais il devait n. devions v. deviez ils devaient	je dus tu dus il dut n. dûmes v. dûtes ils durent	je devrai tu devras il devra n. devrons v. devrez ils devront
42. pouvoir できる pouvant pu	je peux (puis) tu peux il peut n. pouvons v. pouvez ils peuvent	je pouvais tu pouvais il pouvait n. pouvions v. pouviez ils pouvaient	je pus tu pus il put n. pûmes v. pûtes ils purent	je pourrai tu pourras il pourra n. pourrons v. pourrez ils pourront
43. vouloir のぞむ voulant voulu	je veux tu veux il veut n. voulons v. voulez ils veulent	je voulais tu voulais il voulait n. voulions v. vouliez ils voulaient	je voulus tu voulus il voulut n. voulûmes v. voulûtes ils voulurent	je voudrai tu voudras il voudra n. voudrons v. voudrez ils voudront
44. savoir 知っている sachant su	je sais tu sais il sait n. savons v. savez ils savent	je savais tu savais il savait n. savions v. saviez ils savaient	je sus tu sus il sut n. sûmes v. sûtes ils surent	je saurai tu sauras il saura n. saurons v. saurez ils sauront
45. valoir 価値がある valant valu	je vaux tu vaux il vaut n. valons v. valez ils valent	je valais tu valais il valait n. valions v. valiez ils valaient	je valus tu valus il valut n. valûmes v. valûtes ils valurent	je vaudrai tu vaudras il vaudra n. vaudrons v. vaudrez ils vaudront
46. falloir 必要である — fallu	il faut	il fallait	il fallut	il faudra
47. pleuvoir 雨が降る pleuvant plu	il pleut	il pleuvait	il plut	il pleuvra

条件法	接続法		命令法	同型活用の動詞 （注意）
現在	現在	半過去	現在	
je recevrais tu recevrais il recevrait n. recevrions v. recevriez ils recevraient	je reçoive tu reçoives il reçoive n. recevions v. receviez ils reçoivent	je reçusse tu reçusses il reçût n. reçussions v. reçussiez ils reçussent	reçois recevons recevez	apercevoir, concevoir
je devrais tu devrais il devrait n. devrions v. devriez ils devraient	je doive tu doives il doive n. devions v. deviez ils doivent	je dusse tu dusses il dût n. dussions v. dussiez ils dussent		（過去分詞は du＝de＋le と区別するために男性単数のみ dû と綴る）
je pourrais tu pourrais il pourrait n. pourrions v. pourriez ils pourraient	je puisse tu puisses il puisse n. puissions v. puissiez ils puissent	je pusse tu pusses il pût n. pussions v. pussiez ils pussent		
je voudrais tu voudrais il voudrait n. voudrions v. voudriez ils voudraient	je veuille tu veuilles il veuille n. voulions v. vouliez ils veuillent	je voulusse tu voulusses il voulût n. voulussions v. voulussiez ils voulussent	veuille veuillons veuillez	
je saurais tu saurais il saurait n. saurions v. sauriez ils sauraient	je sache tu saches il sache n. sachions v. sachiez ils sachent	je susse tu susses il sût n. sussions v. sussiez ils sussent	sache sachons sachez	
je vaudrais tu vaudrais il vaudrait n. vaudrions v. vaudriez ils vaudraient	je vaille tu vailles il vaille n. valions v. valiez ils vaillent	je valusse tu valusses il valût n. valussions v. valussiez ils valussent		
il faudrait	il faille	il fallût		
il pleuvrait	il pleuve	il plût		

ミニマル フランス語文法 改訂版

検印省略

© 2024年1月15日 初版発行

著 者 倉 方 健 作

発行者 小 川 洋一郎
発行所 株式会社 朝 日 出 版 社
101-0065 東京都千代田区西神田 3-3-5
電話直通 (03)3239-0271/72
振替口座 00140-2-46008
http://www.asahipress.com/

イラスト メディアアート
装 丁 有限会社ディ・シィ・カンパニー
組 版 有限会社ファースト
印 刷 図書印刷株式会社

乱丁、落丁本はお取り替えいたします。
ISBN978-4-255-35356-2 C1085

LA FRANCE DANS LE MONDE

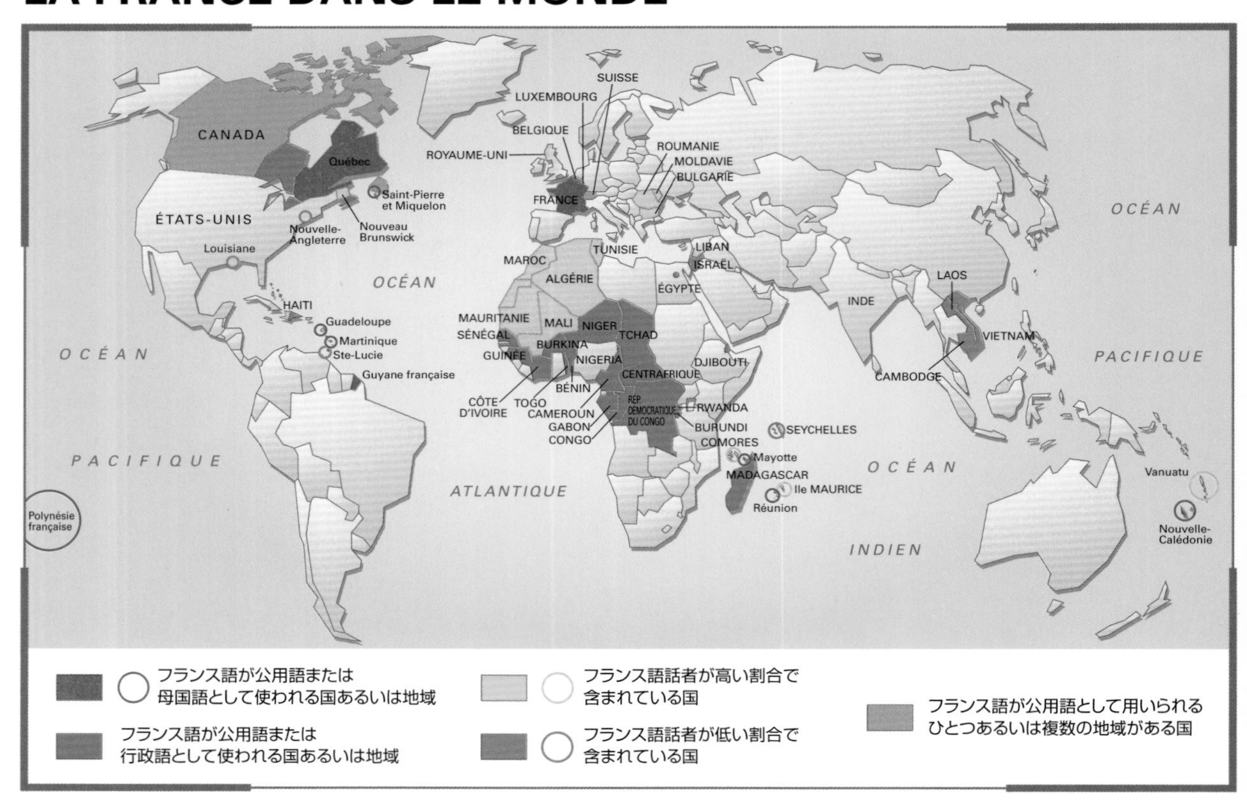
CANADA
Québec
Saint-Pierre et Miquelon
ÉTATS-UNIS
Nouvelle-Angleterre
Nouveau Brunswick
Louisiane
HAITI
Guadeloupe
Martinique
Ste-Lucie
Guyane française
OCÉAN
OCÉAN
PACIFIQUE
Polynésie française
ATLANTIQUE
SUISSE
LUXEMBOURG
BELGIQUE
ROYAUME-UNI
FRANCE
ROUMANIE
MOLDAVIE
BULGARIE
MAROC
TUNISIE
ALGÉRIE
LIBAN
ISRAËL
ÉGYPTE
MAURITANIE
SÉNÉGAL
GUINÉE
MALI
NIGER
TCHAD
BURKINA
NIGERIA
CÔTE D'IVOIRE
TOGO
BÉNIN
CAMEROUN
GABON
CONGO
CENTRAFRIQUE
DJIBOUTI
RÉP. DÉMOCRATIQUE DU CONGO
RWANDA
BURUNDI
COMORES
SEYCHELLES
Mayotte
MADAGASCAR
Ile MAURICE
Réunion
INDE
LAOS
VIETNAM
CAMBODGE
OCÉAN
PACIFIQUE
OCÉAN
INDIEN
Vanuatu
Nouvelle-Calédonie
フランス語が公用語または母国語として使われる国あるいは地域
フランス語が公用語または行政語として使われる国あるいは地域
フランス語話者が高い割合で含まれている国
フランス語話者が低い割合で含まれている国
フランス語が公用語として用いられるひとつあるいは複数の地域がある国

LA FRANCE EN EUROPE

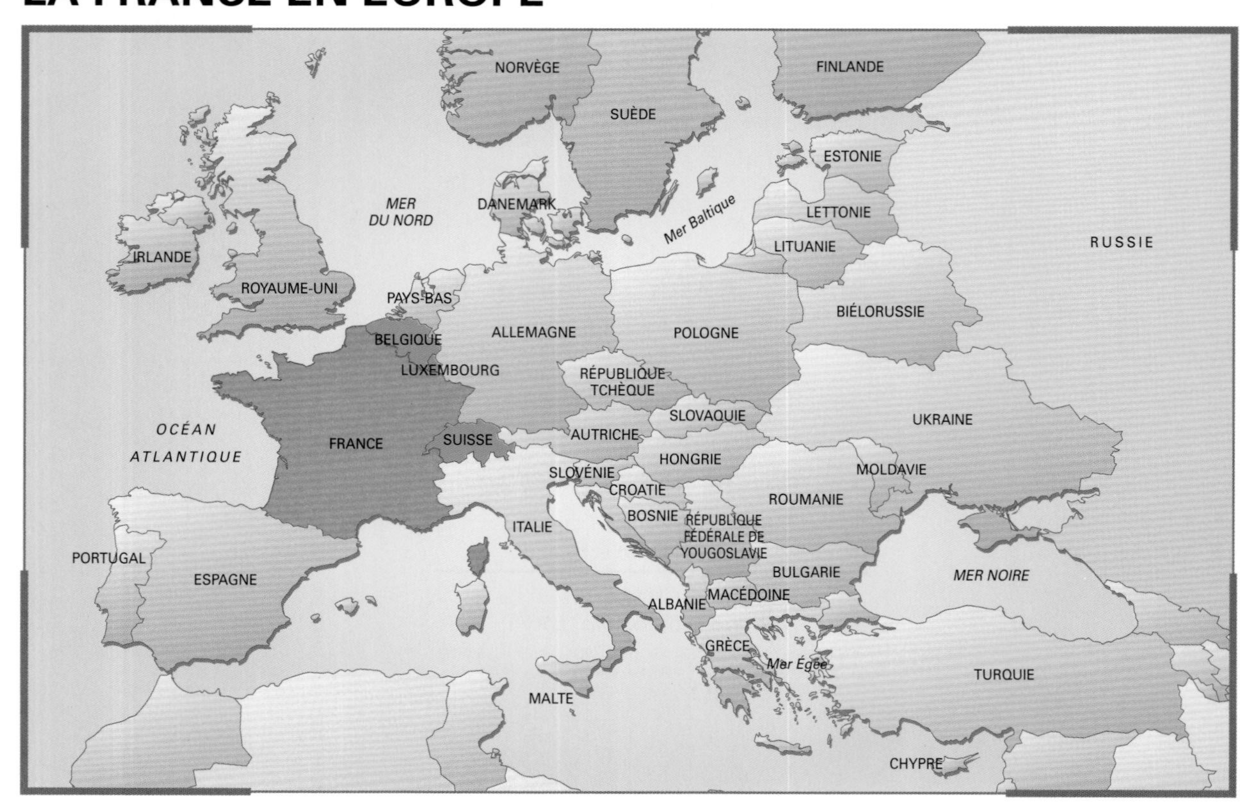
NORVÈGE
FINLANDE
SUÈDE
ESTONIE
MER DU NORD
DANEMARK
Mer Baltique
LETTONIE
LITUANIE
RUSSIE
IRLANDE
ROYAUME-UNI
PAYS-BAS
BIÉLORUSSIE
BELGIQUE
ALLEMAGNE
POLOGNE
LUXEMBOURG
RÉPUBLIQUE TCHÈQUE
SLOVAQUIE
UKRAINE
OCÉAN ATLANTIQUE
FRANCE
SUISSE
AUTRICHE
HONGRIE
MOLDAVIE
SLOVÉNIE
CROATIE
ROUMANIE
BOSNIE
RÉPUBLIQUE FÉDÉRALE DE YOUGOSLAVIE
ITALIE
PORTUGAL
ESPAGNE
BULGARIE
MER NOIRE
MACÉDOINE
ALBANIE
GRÈCE
Mer Égée
TURQUIE
MALTE
CHYPRE